ECONOMIA FEMINISTA

DESAFIOS, PROPOSTAS E ALIANÇAS

Organizado por
Carme Díaz Corral e
Cristina Carrasco Bengoa

Título original
Economía feminista: desafíos, propuestas, alianzas

Este livro foi revisado segundo o Novo Acordo Ortográfico da Língua Portuguesa.

DIREÇÃO EDITORIAL E TRADUÇÃO: Lizandra Magon de Almeida
PREPARAÇÃO DE TEXTO: Alex Criado
REVISÃO: Maria Ferreira e Karen Nakaoka
PROJETO GRÁFICO E DIAGRAMAÇÃO: Carlos Borges Jr.

Dados Internacionais de Catalogação na Publicação (CIP)
Maria Helena Ferreira Xavier da Silva/ Bibliotecária – CRB-7/5688

E19 Economia feminista : desafios, propostas e alianças / organização [de] Cristina Carrasco Bengoa , Carme Díaz Corral. – São Paulo : Jandaíra, 2022.
176 p. ; 21 cm

ISBN 978-65-87113-68-5

1. Economia feminista. 2. Mulheres - Condições sociais. 4. Cultura organizacional. 5. Mulheres - Aspectos econômicos. 6. Mulheres no desenvolvimento econômico. I. Bengoa, Cristina Carrasco, org. II. Corral, Carme Díaz, org. III. Título.

CDD 338.1

Número de Controle: 00030

jandaíra

Rua Vergueiro, 2087 cj. 306 — 04101-000 — São Paulo, SP
11 3062-7909 | editorajandaira.com.br
Editora Jandaíra | @editorajandaira

SUMÁRIO

APRESENTAÇÃO
Cristina Carrasco Bengoa e Carme Díaz Corral 07

1. ECONOMIA FEMINISTA ENTRE MOVIMENTOS E INSTITUIÇÕES: POSSIBILIDADES, LIMITES E CONTRADIÇÕES
Silvia Federici 17

2. ESPAÇOS ECONÔMICOS DE SUBVERSÃO FEMINISTA
Amaia Pérez Orozco 27

3. CONTRIBUIÇÕES DA ECONOMIA FEMINISTA PARA A CONSTRUÇÃO DE UMA ECONOMIA SOLIDÁRIA
Mertxe Larrañaga Sarriegi e Yolanda Jubeto Ruiz 59

4. UM OLHAR FEMINISTA SOBRE A ECONOMIA URBANA E OS BENS COMUNS NA REINVENÇÃO DA CIDADE
Natalia Quiroga Díaz e Verónica Gago 89

5. ECONOMIA ECOLÓGICA E ECONOMIA FEMINISTA: UM DIÁLOGO NECESSÁRIO
Yayo Herrero 125

6. ECONOMIA DO CUIDADO E DESIGUALDADE NA AMÉRICA LATINA: AVANÇOS RECENTES E DESAFIOS PENDENTES
Corina Rodríguez Enríquez 149

SUMÁRIO

APRESENTAÇÃO

CRISTINA CARRASCO BENGOA E CARME DÍAZ CORRAL

Antes de começar esta breve apresentação, queremos fazer um comentário relevante, do nosso ponto de vista. Ainda que falemos sobre economia feminista, é preciso reconhecer que não há uma concepção única do que significa hoje esse conceito. De fato, como acontece com todos os "istas", há diferentes perspectivas que se referem ao termo. No entanto, acreditamos que não nos enganamos ao afirmar que a visão que aqui assumimos é majoritária entre as pessoas que compõem a Rede de Economia Feminista do Estado espanhol[1] e à qual pertencemos desde sua criação há mais de uma década. Portanto, falaremos de uma determinada posição da economia feminista, sem entrar em valorações nem em comparações com outros enfoques, nem com a denominada economia de gênero.

A economia feminista, como crítica às economias consideradas legítimas e/ou dominantes, surge já no século 19, quando uma série de mulheres interpelam os economistas clássicos por não discutirem a divisão sexual do trabalho, por não atribuírem categoria econômica às atividades domésticas nem conceitualizá-las como trabalho,

1. A expressão Estado espanhol é utilizada aqui no lugar de Espanha. O termo exprime que se trata de um Estado que contém várias nações (Espanha, Catalunha e País Basco, por exemplo) e não uma única nação espanhola, como querem as forças mais conservadoras e direitistas.

por aceitarem as discriminações profissionais das mulheres, por não reconhecerem o poder patriarcal exercido pelo homem no lar em seu papel de "ganhador do pão". Não por acaso, essas críticas coincidem no tempo com o que se denomina primeira onda do feminismo.

Tampouco é por acaso que em meados do século 20 – coincidindo agora com a segunda onda – comece toda uma discussão teórica sobre o trabalho doméstico. Tal debate apontou, fundamentalmente, a relação entre esse tipo de trabalho, a reprodução da força de trabalho e o lucro capitalista, tema que continua atual. Possivelmente, o aspecto mais relevante é estabelecer, pela primeira vez, que a sobrevivência do capitalismo depende do trabalho realizado nos lares, sem o qual esse sistema não poderia subsistir. Em outras palavras, existe uma espoliação do trabalho doméstico e dos cuidados por parte do sistema capitalista, que constitui uma parte importante do processo de acumulação de capital.

Ao lado desse debate conceitual, surge uma forte crítica metodológica e epistemológica às tradições da economia. Fundamentalmente, a crítica é dirigida à teoria neoclássica: questiona-se e discute-se a lógica e a consistência dos conceitos, a suposta distribuição eficiente e racional de recursos e a neutralidade das categorias e dos enfoques utilizados. Os teóricos clássicos são acusados de parciais e androcêntricos, ao excluir e não atribuir valor ao trabalho não remunerado.

Mais adiante, foram sendo incorporados ao estudo do trabalho doméstico aspectos mais emocionais. Isso levou facilmente à "descoberta" do que hoje se denomina cuidado ou trabalho de cuidados: uma atividade fundamental para sustentar a vida; uma experiência feminina dedicada ao cuidado das pessoas ao longo de todo seu ciclo vital. A análise das distintas dimensões do cuidado permitiu visibilizar nossa vulnerabilidade e, portanto, a necessidade de interdependência entre as pessoas. A relevância do cuidado como necessidade vital e como fundamento do sistema econômico foi situando esse trabalho no centro da reprodução social. E reconheceu as mulheres no papel de mantenedoras de toda a trama social e econômica, definitivamente, da própria vida.

A crítica conceitual e metodológica, primeiro à economia clássica e, posteriormente, à neoclássica dominante, com toda a elaboração teórica e política das últimas décadas, foi dando forma ao que hoje conhecemos como economia feminista.

Tal como a entendemos, a economia feminista não é mais um ramo da economia – como pode ser a economia industrial ou a economia pública –, mas outra maneira de entender o mundo. E, sobretudo, de construir um marco econômico que permita oferecer os mecanismos adequados para dar resposta às necessidades das pessoas, todas elas e as mais diversas.

A perspectiva e a proposta da economia feminista são absolutamente opostas à economia que dá suporte atualmente a um sistema heteropatriarcal, predador da natureza, explorador das vidas humanas e gerador de múltiplas desigualdades. Um sistema econômico que se apresenta como autossuficiente, mas cujo funcionamento e continuidade dependem fundamentalmente do trabalho doméstico e de cuidados que mantém a vida e reproduz a força de trabalho, de um lado, e do espólio que faz da natureza, de outro. Um sistema cujo único objetivo é o benefício privado de poucos, exigindo para isso um crescimento constante e sem limites.

Frente a esse sistema que deprecia a vida das pessoas e as converte em simples mercadorias (cada uma com seu preço), a economia feminista elabora uma proposta totalmente revolucionária diante do *status quo*. Essa posição vem se firmando com força tanto no campo teórico como no político: o objetivo final de um sistema econômico deve ser a vida das pessoas – mulheres e homens de todo o planeta. Um sistema econômico deve garantir uma vida digna, decente, boa, na qual as necessidades humanas estejam resolvidas. Deve manter o respeito pela natureza, da qual, por sua vez, dependem nossas vidas. Em outras palavras, diante do conflito capital-vida, deve apostar na vida.

É uma proposta que, no fim das contas, significa simplesmente sermos realistas e considerarmos todos os trabalhos que contribuem para atender as diversas necessidades humanas, independentemente de sob que relações sociais aconteçam. Significa também rechaçar a divisão sexual do trabalho e desmulherizar os trabalhos de cuidado, discutindo democraticamente formas de cuidar da vida. Nesse sentido, é necessária uma reflexão coletiva sobre o que entendemos como uma vida boa – que só terá sentido se incluir toda a população mundial, respeitando a diversidade e sem precisar partir do zero. A proposta da economia feminista é a de descentralizar os mercados, discutindo que tipo de bens nunca deveriam ser deixados nas mãos do mercado (energia, água etc.), mas em gestão comunal ou outras fórmulas coletivas, respeitosas ao meio ambiente e destinadas à satisfação das necessidades gerais. Trata-se de uma proposta que, em conjunto, dá conta da ideia de sustentabilidade da vida, que pretende resultar em uma economia a serviço das pessoas, e não ao contrário, como hoje acontece. E que possibilite sociedades mais humanas, equitativas e respeitosas ao meio ambiente.

O caminho que se abre pela frente sugere várias vias por onde transitar, embora acreditamos que todas elas já estão começadas. Nomearemos algumas, mas certamente não estarão todas as que existem. Uma delas é trabalhar mais o campo aplicado, traduzido em políticas ou ações que sigam na linha da proposta teórica. Outra, relacionada à anterior, é o que se denomina "experiências de economia feminista". Compreendem pequenas práticas concretas – realizadas fundamentalmente por mulheres – de outras formas de organizar e gerir o consumo ou a produção, mais acordes com a vida cotidiana e com os princípios da economia feminista.

Outra linha relevante que requer nossa atenção é a de criar redes cada vez mais sólidas, discutindo pontos de encontros e desencontros, com outras economias críticas alternativas à economia dominante: ecológica, social e solidária, economia política etc. Não se pode esquecer que isso exige um olhar não androcêntrico, que dê valor ao trabalho de cuidados e o reconheça como a atividade central que permite sustentar a vida.

Uma última linha que apontamos é o que poderíamos chamar de diálogo de saberes. Significa estabelecer diálogos entre iguais com mulheres que estejam elaborando ou praticando economia feminista em distintas áreas do planeta, sem distinção de classe, etnia ou lugar geográfico. Nesse sentido, nossa relação mais próxima, por história, cultura e língua, é com a América Latina. Daí estamos aprendendo como interage a economia feminista com a ideia de colonialidade, tema desenvolvido com força na última década pelas companheiras economistas feministas latino-americanas.

Entendemos que as alianças e cumplicidades com todas essas perspectivas de pensamento e ações políticas são a única forma possível de caminhar para um mundo mais solidário e possível de se viver.

Os primeiros capítulos, de Silvia Federici e Amaia Pérez Orozco respectivamente, podem ser vistos integrados à primeira das linhas apontadas anteriormente. Basicamente, abrangem desafios genéricos enfrentados atualmente pela economia feminista. Alguns deles estão no plano mais teórico, e outros no das políticas e ações mais aplicadas. Federici dá conta do que é a economia feminista, suas potencialidades e fragilidades, seus limites e contradições. Destaca os desafios que se apresentam atualmente a tal economia frente ao capital internacional: estudar para entender e desmascarar os projetos e planificações econômicas internacionais, os orçamentos públicos e seus objetivos, as motivações e efeitos sociais e econômicos das grandes migrações etc. Tudo isso para dar resposta a uma inquietude, qual seja: se a economia feminista pode se tornar um nexo importante e necessário entre os movimentos sociais e as instituições, colaborando na formulação de propostas e/ou campos de negociação. É necessário ter claro sempre que não são as instituições que podem mudar o mundo, mas os movimentos sociais.

O capítulo de Amaia Pérez Orozco apresenta-se em duas frentes: oferece um âmbito de propostas de ações e políticas concretas, acompanhadas de um marco teórico claro. O objetivo é dar resposta a um questionamento habitual que se faz à economia feminista: terei construído teoria, mas sem propostas concretas? O artigo começa situando o objetivo da economia feminista: o que a autora denomina subverter a economia, ou seja, enfrentar o sistema econômico capitalista (que além de capitalista é heteropatriarcal, ambientalmente destrutivo, colonialista e racista) dominante globalizado, que exerce seu poder por meio da violência e da legitimação. E, a partir daí, construir uma economia diferente, que ponha a sustentabilidade da vida no centro de todas as ações. Para isso, a proposta é ir criando espaços econômicos de subversão feminista. Isto é, espaços em que vão ser experimentadas formas de responsabilidade coletiva que possibilitem uma boa vida, levando em conta os limites do planeta. A proposta de Amaia Pérez se concretiza em práticas de subversão em três níveis: macro, meso e micro, considerando os problemas, as dificuldades e as possibilidades em cada um deles.

Os três capítulos seguintes, de Yolanda Jubeto e Mertxe Larrañaga; de Natalia Quiroga e Verónica Gago; e de Yayo Herrero, estão relacionados à terceira linha aberta para a economia feminista sugerida anteriormente. Os três abrem um diálogo da economia feminista com outras economias alternativas à economia dominante: com a economia solidária, a economia urbana e a economia ecológica respectivamente.

Partindo de dois dos aportes principais da economia feminista, a ampliação do conceito de trabalho e a ampliação do conceito de riqueza gerada e de como contabilizá-la, Jubeto e Larrañaga fazem uma releitura dos seis princípios da Rede de Economia Alternativa e Solidária de Euskadi (REAS Euskadi). Analisando os princípios da economia solidária e sabendo que a economia feminista também compartilha os valores de reciprocidade, colaboração e apoio mútuo, as autoras encontram muitos pontos em comum entre ambos os olhares. Fruto desse diálogo e com relação ao princípio de equidade, que vai além da igualdade porque respeita e reconhece a diferença, consideram que a economia solidária deveria fincar mais o pé na divisão sexual do trabalho e não simplesmente integrá-la à divisão social do trabalho. Com relação ao princípio de trabalho, detectam a necessidade de socializar as boas práticas da economia solidária quanto às pessoas cuidadoras (redução ou flexibilização de jornada) para que estas possam se expandir.

O capítulo de Natalia Quiroga e Verónica Gago propõe a necessidade de incorporar o olhar da economia feminista, sob a dimensão da economia popular decolonial, à gestão e à organização da vida nas cidades. E, dessa forma, abrir a possibilidade de organizar os espaços e suas economias em função do cuidado. Para isso, as autoras analisam a importância da tripla jornada (papel produtivo, reprodutivo e de gestão comunitária) na economia urbana e como a perspectiva da pobreza resulta em uma cidade onde o problema da reprodução faz parte de uma perspectiva classista que coloca no mesmo nível pobres, mulheres e tarefas reprodutivas e comunitárias. Criticam como as economias, cada vez mais urbanas, são avaliadas por sua adaptação à rentabilidade e à exploração financeira, enquanto os circuitos nos quais se desenvolve a vida são confinados às margens ou depreciados em sua capacidade de construir valor para a cidade. Para isso, as autoras propõem a produção de bens e usos comuns em feminino. Seria uma forma de bloqueio à continuidade da pobreza e da exploração e como ponto de partida para outras práticas econômicas urbanas.

Fecha esse bloco o diálogo entre a economia ecológica e a economia feminista. Um diálogo que a autora Yayo Herrero considera necessário para superar o pensamento instalado na sociedade ocidental e intensificado a partir da expansão hegemônica do neoliberalismo, que se desenvolveu em contradição com as bases materiais que sustentam a vida. Herrero afirma que a vida humana tem duas dependências materiais intransponíveis: a natureza e seus limites, e a impossibilidade de viver solitariamente como consequência da vulnerabilidade da vida, que exige do tempo de cuidados. Alerta que já se ultrapassaram quatro dos nove limites planetários fundamentais para garantir a continuidade dos processos da natureza. Analisa os mitos biocidas do fundamentalismo econômico e propõe a cultura da sustentabilidade, com sua dimensão tanto ecológica quanto feminista. Esse é o caminho para transformar a concepção e a gestão do território, e para reorganizar os tempos das pessoas de maneira que se construa um modelo econômico que coloque a centralidade da vida no centro.

O livro se encerra com um artigo de Corina Rodríguez que nos mostra problemas e situações mais específicas da América Latina. A autora aprofunda um tema muito debatido nas últimas décadas: o dos cuidados e sua organização social. Analisa as desigualdades que gera, a necessidade de políticas públicas a respeito, assim como algumas das contribuições desenvolvidas em alguns países da região. Em particular, concentra-se no caso da Argentina. A autora assinala os importantes avanços no debate público e cidadão, ainda que com diferenças relevantes nos distintos países. Avanços entre os quais se destaca a experiência uruguaia, que se apresenta como referência relevante. Termina o capítulo apontando alguns desafios ao se pensar em soluções para garantir um direito tão básico como o de estar cuidada/o.

Definitivamente, este pequeno texto se posiciona como forma de contribuir com o debate de novas ideias e novas propostas – tão necessárias e urgentes nos tempos que estamos vivendo – entre a economia feminista originada na Europa e aquela originada na América Latina. Agradecemos a todas as amigas e companheiras que, de forma muito generosa e com grande disponibilidade, colaboraram nesta edição.

1

ECONOMIA FEMINISTA ENTRE MOVIMENTOS E INSTITUIÇÕES: possibilidades, limites e contradições[1]

SILVIA FEDERICI

Esta conferência sobre a Economia Feminista acontece em um momento muito crítico, quando a necessidade de alternativas à economia oficial é cada dia mais dramática e evidente. Mas é exatamente por isso que a necessidade de articular programas alternativos e uma visão mais justa da sociedade é mais urgente do que nunca.

A Economia Feminista pode responder a esse chamado? Pode tornar-se uma correia de transmissão entre os movimentos sociais e as instituições, ajudando a forjar propostas ou mapas de espaços de negociação? Quais são as possibilidades, que alternativas oferece essa proposta, quais são seus limites e suas contradições?

Creio que o primeiro passo para responder a essas perguntas pode ser colocar a Economia Feminista em seu contexto histórico. E examinar, ainda que esquematicamente, sua contribuição à mudança disciplinar e política, desde o seu surgimento, no início dos anos 1990.

1. Artigo baseado na conferência de Silvia Federici no V Congresso Estatal de Economia Feminista, Universitat de Vic (Catalunha), em julho de 2015.

A Economia Feminista é um exemplo da força do feminismo. O feminismo deu tanta coragem às mulheres, tanta confiança em sua experiência e na justiça de sua luta, que elas se propuseram a tomar o céu de assalto: arrebatar a economia, que é, entre todas as disciplinas, a mais próxima das estruturas de poder que dominam nossa sociedade. O momento da aparição da Economia Feminista foi importante, já que coincidiu com a *crise dos paradigmas* econômicos e políticos dominantes, provocada pela ascensão do neoliberalismo, a reestruturação da economia mundial e o desaparecimento do "estado de bem-estar".

Nesse contexto, a Economia Feminista desempenhou um papel complexo e contraditório. De um lado, desafiou a economia neoclássica e a economia neoliberal, criticando suas categorias padrão, suas metodologias, seus valores estruturais. Denunciou também seu foco exclusivo no âmbito das relações monetárias e seus pressupostos baseados no egoísmo e na concorrência como forças motrizes da conduta individual. Mais importante ainda, trouxe ao centro da teoria econômica as principais questões propostas pelo movimento feminista: as desigualdades de gênero, a desvalorização do trabalho reprodutivo, a importância da afetividade e da cooperação nas relações sociais.

Importantes foram (entre outras) as obras de Antonella Picchio, que estudou a centralidade do trabalho doméstico no processo da reprodução social, demonstrando que tal trabalho é a verdadeira "economia real", na medida em que todas as atividades "produtivas" dependem dele. Antonella é uma companheira que fez parte da campanha internacional pelo salário para o trabalho doméstico.

Também quero mencionar a obra de Marilyn Waring,[2] a autora de *If Women Counted* (1988).[3] Hoje, esse livro é considerado um dos documentos fundadores da Economia Feminista. Nele, Marilyn criticou as normas internacionais de medida do crescimento econômico, por sua exclusão da natureza e do trabalho de reprodução da esfera do que se considera "produtivo". Waring nos fez tomar consciência de que nesta sociedade o conceito econômico de valor é tão perverso que produzir armas que matam crianças é considerado produtivo, uma contribuição à riqueza social. Ao mesmo tempo, ajudar a criar as crianças não é considerado produtivo.

Picchio e Waring abriram um caminho que, em poucos anos, deu lugar a uma proliferação de estudos sobre "o trabalho dos cuidados", "a sustentabilidade ecológica", os efeitos das desigualdades de gênero no mercado de trabalho e as relações econômicas internacionais. Devemos mencionar também os estudos de Lourdes Benería, da Catalunha, sobre os efeitos da globalização, diferentes em homens e mulheres, e os estudos da chilena Cristina Carrasco e da espanhola Amaia Pérez Orozco sobre o trabalho de cuidados.

Em suas contribuições, as economistas feministas não só ampliaram nossos conhecimentos e impulsionaram uma reconstrução teórica da economia, oferecendo-nos novos instrumentos de interpretação da realidade social, como também desmistificaram uma linguagem técnica que se infiltra constantemente no discurso político com os mesmos efeitos intimidadores que teve o uso do latim. E cunharam um novo vocabulário, criando expressões como "teto

••••••

2. Marilyn Waring é uma economista neozelandesa, ativista dos direitos humanos e feminista.
3. *If Women Counted – a new feminist economics* (1988) – Se as mulheres contassem – uma nova economia feminista, em tradução livre.

de vidro" ou "feminização da pobreza", que capturaram a imaginação do público e agora são de uso comum.

Junto a esses importantes avanços, muitas economistas feministas enfrentaram uma dificuldade no âmbito em que se desenvolvem as teorias e análises da Economia Feminista: confrontar abertamente os fundamentos da teoria econômica em virtude do compromisso desta com a apropriação privada da riqueza e com o desenvolvimento capitalista.

Com demasiada frequência, por exemplo, as críticas das economistas feministas à política econômica internacional se centraram no "impacto diferencial" da globalização sobre as mulheres. Isso poderia sugerir que tal política seria mais aceitável se seus efeitos fossem distribuídos de maneira mais uniforme.

Do mesmo modo, a busca da "integração de gênero" geralmente não reconheceu que as raízes estruturais do "viés masculino", típico da economia tradicional, são um produto estrutural da relação salarial; um produto da desvalorização sistemática do trabalho de reprodução da força de trabalho. Trabalho que no capitalismo foi imposto às mulheres como sua tarefa primária e como atividade não remunerada, presumivelmente inerente a sua conformação biológica e psicológica.

Essa separação do trabalho de produção e de reprodução por meio da discriminação do salário foi o fundamento de um verdadeiro "patriarcado do salário"[4] e um dos temas mais importantes do pensamento econômico. Tal discriminação não pode ser superada só sobrecarregando as mulheres com novas atividades, dessa vez

4. FEDERICI, Silvia. *Calibã e a Bruxa – mulheres, corpos e acumulação primitiva.* Capítulo 2. São Paulo: Editora Elefante, 2019.

presumivelmente "produtivas", como nos programas de desenvolvimento nos quais querem "integrá-las". Até que seja enfrentado o problema do trabalho não remunerado que a maioria das mulheres faz no lar, além de outros trabalhos, falar de "integração ao mercado de trabalho" ou "integração ao desenvolvimento" é recomendar uma superexploração. Trata-se de um encarceramento de sua vida no trabalho e, em particular, em empregos mal pagos, muitas vezes perigosos, em lugares (como as áreas de livre comércio) onde não existem regras e a exploração não tem limites.

Nem mesmo o reconhecimento do "valor" do trabalho doméstico não remunerado esteve livre de ambiguidades. Com poucas exceções, as economistas feministas não esclareceram se a "valorização" recomendada deveria ser puramente formal e moral, incluindo o trabalho reprodutivo nos sistemas contábeis nacionais e internacionais. Ou se essa valorização deveria comportar uma remuneração monetária, uma questão vital para milhões de mulheres.

Como já sublinhei, somente pondo fim a essa imensa exploração à qual a maioria das mulheres está sujeita – que serve sobretudo para reforçar a acumulação capitalista e fortalecer o poder do capitalismo explorador – é que, como mulheres, podemos negociar melhores condições de vida em todas as áreas em que trabalhamos; e também em relação à procriação, nas relações com os homens e na relação com o Estado. Mas, até agora, foram poucas as economistas feministas que o reconheceram. Hoje, é possível perceber uma mudança, já que estão sendo criadas redes de economistas feministas que começam a denunciar e enfrentar a enorme exploração em que vivem as mulheres.

Essa timidez é compreensível. As economistas feministas trabalham na jaula dos leões, tentando mudar a disciplina mais comprometida com a estrutura de poder capitalista. No entanto, trata-se de um limite que, hoje em particular, é necessário superar. Na medida em que não questione os fundamentos do sistema capitalista, a Economia Feminista corre o risco de transformar-se em outro ramo da economia, em vez de sua crítica radical, e de "melhorar" uma disciplina que tinha a intenção de desarmar.

Além disso, a *crise de reprodução* que enfrentamos é tão dramática que não podemos esperar que os políticos e banqueiros que controlam a economia mundial se humanizem, aprendam a colocar a vida humana à frente de seus lucros individuais e coletivos e ponham os recursos, que hoje são utilizados em guerras permanentes, a serviço da reprodução de nossas vidas. É o momento de dizer que se 500 anos de desenvolvimento capitalista – 500 anos de colonizações, espoliações e violências – não produziram riqueza suficiente para garantir nossa reprodução, e a única coisa que podemos esperar da economia mundial é mais austeridade, deve-se concluir que a economia capitalista não é sustentável para a maioria da população do planeta.

Essa é a questão que devemos ter em mente quando nos perguntamos como a Economia Feminista pode responder à situação política atual, com a aparente entrada dos movimentos sociais nas instituições, como ocorreu na Espanha com a formação de "Barcelona em Comú".[5] Está claro que não é possível ignorar as instituições, uma vez que a riqueza social está nas mãos do Estado. Portanto, é necessário discutir como enfrentar diretamente o Estado para recuperar o controle da riqueza que produzimos.

Nesse sentido, as economistas feministas podem desempenhar um papel importante, porque têm acesso a documentos e relatórios

• • • • • •

5. FEDERICI, Silvia. *Calibã e a Bruxa – mulheres, corpos e acumulação primitiva.* Capítulo 2. São Paulo: Editora Elefante, 2019.

e têm a capacidade de analisá-los e contestá-los. Em geral, também dispõem de um conhecimento direto das perspectivas e dos assuntos que configuram o planejamento econômico. Assim, podem oferecer instrumentos importantes a todas as pessoas que lutam e também a todas aquelas que tentam impactar e contestar de dentro das instituições. Mas é crucial não se esquecer de que o poder de criar um mundo melhor não reside no Estado, mas nos movimentos sociais, nas sociedades em movimento, e que qualquer esforço para mudar a política social trabalhando nas instituições corre o risco de fortalecer o que se tenta desmantelar.

Esse assunto é especialmente relevante no atual momento, em que a concentração de capital elimina o poder de decisão das autoridades locais e o coloca nas mãos das instituições capitalistas internacionais, como o Banco Central Europeu e o Fundo Monetário Internacional. A construção, que parece iminente, de uma única área comercial entre a União Europeia e os Estados Unidos – se conseguir – vai extremar esse processo, já que um tribunal poderá castigar os governos que tomem qualquer decisão que possa ser interpretada como um ataque ao livre comércio.

De forma geral, como confirmam os acontecimentos em torno do pagamento da dívida grega, mesmo com amplos processos de mobilização popular, é cada vez mais difícil para qualquer governo fugir das regras do sistema capitalista, que hoje nos promete apenas novos programas de austeridade. Os governos e as populações que tentem fazê-lo devem enfrentar as fortes medidas desestabilizadoras que o poder do capital internacional lhes impõe.

Creio que uma das tarefas que a Economia Feminista pode assumir hoje é a de nos fazer compreender essa realidade, e sobretudo nos ajudar a compreender qual é a lógica do sistema social que enfrentamos. Não é uma tarefa insignificante, pois a crescente globalização e a financeirização da economia mundial fizeram com que seja cada vez mais difícil para as pessoas entenderem quais são as forças que governam nossas vidas. E isso debilita nossa capacidade de resistência e de criar alternativas. Conhecimento é poder, é um antídoto contra o medo, o tipo de medo que hoje está se apoderando de muitas pessoas na Grécia diante da ideia de sair da zona do euro ou de simplesmente não pagar a dívida.

Aqui as economistas feministas poderiam desempenhar um papel importante, ajudando-nos a decifrar, a desmascarar a linguagem do planejamento econômico de maneira que possamos antecipar os rumos dos projetos econômicos do capital internacional. Necessitamos que a Economia Feminista nos explique os orçamentos governamentais, os acordos comerciais internacionais e os fatores econômicos e sociais que motivam as grandes migrações que ocorrem diante de nossos olhos. Para que, assim, possamos avaliar a perversidade das políticas que condenam milhares de homens e mulheres jovens a morrer afogados no Mediterrâneo, enquanto tentam escapar das guerras e dos programas econômicos que nossos governos impõem. Sem essa compreensão, estamos condenadas a repetir as litanias relativas à cegueira política e à corrupção.

Mais importante ainda, a Economia Feminista pode aprofundar o processo que a estimula desde o seu surgimento: *a explicação da importância do trabalho de reprodução, não apenas para nossas vidas e para a acumulação capitalista, mas também para a nossa luta: para a construção de economias solidárias, de processos coletivos de auto-organização, capazes de incrementar nossa autonomia de mercado e nossa resistência ao controle do Estado sobre nossas vidas.*

Sem dúvida isso não pode ser realizado sem um longo processo de transformação social de baixo para cima. Mas não é uma utopia. Milhares de pessoas, sobretudo, mulheres, estão vivendo isso, motivadas por sua necessidade, por sua exclusão dos circuitos da economia monetária, por sua experiência cotidiana de espoliação e por sua vontade de recuperar a própria dignidade.

As feministas economistas podem iluminar esse espaço reprodutivo que já não é privado, mas central e imprescindível, porque tudo aquilo que o conforma – o que comemos, as roupas que vestimos, o tempo que podemos dedicar às pessoas que amamos, as relações que temos com nosses filhes – é atacado pelas dinâmicas que configuram a economia global. As economistas feministas podem iluminá-lo para nos ajudar a resolver os grandes problemas que enfrentamos no processo de nossa reprodução (o cuidado de meninas, meninos, pessoas idosas, a conquista de uma divisão mais justa do trabalho, o acesso aos recursos que dão suporte à nossa vida). E também para assegurar que nossa reprodução, nossa felicidade, não seja obtida à custa da exploração e do sofrimento de nenhuma pessoa em qualquer parte do planeta.

2

ESPAÇOS ECONÔMICOS DE SUBVERSÃO FEMINISTA?[1]

AMAIA PÉREZ OROZCO

Com frequência uma preocupação nos atravessa: a crítica que fazemos a partir do feminismo ao sistema econômico é muito potente em nível teórico, mas... como se concretiza? Temos propostas? Ou é tudo teoria e não há nada de ação? Este texto tenta responder a essa inquietude.

Claro que temos propostas! Mais ainda, estamos fazendo muitas coisas. Precisamos reconhecê-las, reuni-las e dar a elas um sentido coerente. Precisamos compartilhar ferramentas para potencializar em cada contexto as que nos pareçam mais viáveis e/ou mais interessantes e adaptadas às nossas inquietudes. Este texto não pretende fazer um percurso exaustivo; aqui se aplica o histórico ditado que diz que *todas as que estão são, mas nem todas que são estão*. É um texto, além disso, que surge de um ponto de vista muito ocidental, branco e urbano. Lança-se com vontade de diálogo: para ser complementado, questionado, decomposto... A única pretensão é servir

1. Este texto se baseia na participação na mesa redonda sobre economia feminista realizada no âmbito do XI Festival de Cultura Feminista, Feministaldia, Donostia, 14 de dezembro de 2016. Agradeço enormemente tanto às companheiras de Platzandreok, que organizaram o festival, como a Silvia Federici, que me animou a redigir essas palavras. Será publicada em uma nova edição do livro *Subversão feminista da economia - aportes para um debate sobre o conflito capital-vida*, editado por Traficantes de Sonhos.

de desculpa para pensarmos juntas o que estamos fazendo e o que queremos fazer.[2]

1. Subversão feminista da economia?

Para o feminismo,[3] subverter a economia tem uma orientação clara: atuar contra o sistema econômico hegemônico atual, que se impõe globalmente mediante a violência e a sedução. Como entendemos esse sistema? A economia atual é capitalista, portanto, subvertê-la implica um confronto direto com o capitalismo. Mas não é só isso: é também uma economia heteropatriarcal, ambientalmente destrutiva, colonialista e racista. É o que às vezes optamos por chamar, breve e ironicamente, de *essa Coisa Escandalosa*. Nossa subversão é a subversão contra essa Coisa Escandalosa.

A partir do feminismo, identificamos um conflito estrutural e insolúvel nessa economia hegemônica: o conflito entre os processos de acumulação de capital e os processos de sustentabilidade da vida. O negócio se faz à custa da vida: explorando vidas humanas, espoliando a vida do planeta, pondo o conjunto da vida em risco sistêmico de destruição. Chamar esse contexto de conflito capital-vida não significa dizer que todo ser vivo ou as vidas de todas as pessoas estejam igualmente ameaçadas devido a um capital abstrato (e sobre-humano ou ultraterreno?). Significa

• • • • • •

2. É importante destacar que optamos por não encher este texto de citações nem de referências. A ideia não é roubar palavras de ninguém, mas facilitar a leitura e colocar a força nas ideias. Por isso mesmo, é fundamental insistir em que tudo o que aqui está contido é fruto da construção coletiva, entre muitas e em uma infinidade de lugares do mundo.
3. Ao longo deste texto optamos por falar do feminismo, no singular, e não dos feminismos, no plural. Aqui, o fazemos como uma opção estratégica para ressaltar o que nos une, sem que isso implique negar os debates e posicionamentos diversos, inclusive os conflitos.

que existe um conjunto de estruturas materiais e simbólicas que permite acumular poder e recursos em torno de uma única vida. Esta se dota de sentido em si mesma, cindida do conjunto do que é vivo. Essa vida que se torna a única digna de ser sustentada por e à custa do resto. É a vida do que, de novo ironicamente, conhecemos como o BBVAh[4]: o branco burguês varão adulto heterossexual. É o sujeito que se impõe como sujeito *majoritário*, o que define o que é propriamente humano nessa Coisa Escandalosa, transformando todo o resto em *minorias* subordinadas e a seu serviço. A vida do BBVAh é garantida à custa da instrumentalização e do consequente espólio da vida do planeta; e de ataques à vida humana; e de uma virulência radicalmente desigual em função de quanto se afastem os sujeitos dessa figura privilegiada. O conflito capital-vida é o conflito da vida do BBVAh com o conjunto dos seres viventes.

Mas, se não há vida, também não há negócio, também não há BBVAh. Como ele pode então se manter à margem desse sistema? Do ponto de vista do feminismo, dizemos que um dos mecanismos-chave é transferir a responsabilidade de sustentar a vida às esferas econômicas invisibilizadas. A essas esferas damos diversos nomes: cuidados, trabalho doméstico, reprodução... Qualquer que seja a nomenclatura utilizada, estamos nos referindo ao fato de que a responsabilidade de levar adiante os processos vitais ameaçados submerge aí, onde é privatizada (deixa de fazer parte do que é comum) e feminizada. E isso deve ser feito a partir do que é oculto, dos trabalhos que *não existem* nos âmbitos

4. N. da T.: A abreviatura ironicamente também denomina um dos principais bancos da Espanha, Banco Bilbao Vizcaya Argentaria (BBVA).

que *não são econômicos* e pelos sujeitos que *não são sujeitos políticos*. Se existissem e se fossem nomeados, e se quem o faz tivesse identidade política, o conflito saltaria à luz em toda a sua crueza. O sistema explodiria.

Por isso dizemos que essa Coisa Escandalosa tem a forma de um iceberg: na parte visível, no epicentro, estão os mercados capitalistas, regidos por uma lógica de acumulação e associados à masculinidade branca. Na parte oculta (que deve continuar submersa) estão os processos que sustentam a vida. Esse iceberg gira em torno de um eixo heteropatriarcal e colonialista, que define os níveis de visibilidade e dos mecanismos de invisibilização.

Subverter a economia não é simplesmente expor à luz o invisível, mas dinamitar o iceberg e construir uma economia distinta que ponha a sustentabilidade da vida no centro. E isso passa por, pelo menos, dois movimentos estratégicos fundamentais. O primeiro busca construir espaços econômicos nos quais se assuma uma responsabilidade coletiva de estabelecer as condições de possibilidade da vida. Falamos de *estabelecer as condições de possibilidade* porque reconhecemos que a vida é inerentemente vulnerável; é uma possibilidade, mas não uma certeza. O objetivo primeiro e último de uma economia subvertida seria encarregar-se de cuidar da vida; desprivatizar e desfeminizar essa responsabilidade.

A vulnerabilidade da vida implica interdependência. A economia é uma rede interdependente, e não um terreno de livre contrato no qual sujeitos individuais fazem cálculos egoístas sobre o que mais lhes convém. Hoje, essa rede de interdependências se organiza sob um ideal de autossuficiência acessível para alguns (maior quanto mais perto estamos do BBVAh) à custa da exploração e da desigualdade; à custa de que outros e, sobretudo, outras, sacrifiquem a própria vida. A aposta passa por reconstruir a interdependência horizontalmente e, ao mesmo tempo, garantir a autonomia. Do ponto de vista do feminismo, não podemos nem queremos renunciar à exigência de autonomia, mas sabemos que a autonomia só pode ser entendida no coletivo e que está muito longe do delírio individualista da autossuficiência. E vulnerabilidade significa também ecodependência: só podemos viver como parte de um planeta vivo. Isso nos obriga a assumir os limites biofísicos da terra como uma fronteira intransponível, e a compreender que a vida que queremos colocar no centro é a vida humana e a não humana.

O segundo movimento estratégico é o de construir outra ideia da vida que merece ser vivida. Apostamos em encher de significado uma noção da boa convivência, que gere rupturas centrais com a noção escandalosa de bem-estar e sucesso que temos hoje. Uma noção de boa convivência que entenda que o próprio fato de viver é um processo coletivo, já que está sempre encarnado em sujeitos únicos. Por isso, definimos dois critérios irrenunciáveis: a universalidade e a singularidade. Falamos de universalidade da boa convivência porque, se não for acessível para todes, não é boa convivência. Porque, em uma economia subvertida, todas as vidas hão de ser igualmente importantes. E de singularidade porque, se não se respeita as diferenças e não se garante que a diversidade não traga desigualdade, tampouco é boa convivência.

Espaços econômicos de subversão feminista são aqueles nos quais vamos articulando uma responsabilidade coletiva em tornar a vida possível, assumindo os limites do planeta do qual somos parte. Ao mesmo tempo, vamos dotando de conteúdo uma noção diferente de boa convivência.

2. A transição para a subversão

Que caminho essa subversão pode assumir no momento de transição em que nos encontramos?

Inevitavelmente, o caminho passa pela redução em duplo sentido. De um lado, a redução da esfera material da economia (do metabolismo socioeconômico). Estamos diante de uma situação de colapso ecológico. Passar a viver com menos (com menos consumo energético e de matéria-prima e com menos geração de resíduos) já não é uma opção, mas um fato ao qual estamos obrigades. O que é opcional nesse contexto é como distribuir e enfrentar essa redução. A aposta é evitar que a situação nos leve a novos modos de ecofascismo, como o pessoal da ecologia social nos alerta... e de ecomachismo, como alertamos do ponto de vista do feminismo.

Mas a redução, em sentido puramente metabólico, deve andar de mãos dadas com a redução do crescimento. Para que a lógica da acumulação de capital deixe de ser o princípio articulador do sistema econômico.

No sentido material, isso significa transformar os mecanismos e as instituições que permitem que o poder e os recursos se concentrem em torno de quem domina o processo de acumulação. E que, a partir daí, impõem suas prioridades a todo o conjunto social. Trata-se de tirar o poder e os recursos dos circuitos de acumulação de capital. E isso passa por questionar a propriedade privada e o papel do dinheiro (enquanto meio de acumulação e carente de qualquer tipo de controle democrático).

No sentido simbólico, significa entender como essa mesma lógica de acumulação e crescimento atravessa nossas aspirações vitais e a própria forma de nos entendermos como sujeitos. Assim, chamamos trabalho ao trabalho assalariado e bem-estar ao consumo mercantil. E nossos sonhos se articulam em torno do sucesso individualizado nos mercados. O sucesso passa por consumir matéria-prima, energia, mercadorias e tempo acima de nossas possibilidades, ou seja, acima dos limites da sustentabilidade. Acumulamos o que corresponde a outres: no norte global acumulamos consumo energético, as classes altas acumulam mercadorias, os homens acumulam tempo.

Essa ideia de redução como ataque frontal à lógica da acumulação do capital incide diretamente na parte visível do iceberg. Mas o que fazemos com a parte invisibilizada? Como feministas, carecemos de uma aposta política clara que aglutine proposições que reconhecemos com diversos nomes, mas pouco precisos: socialização dos cuidados (insuficiente porque parece um elemento extra, que não muda a proposta global); democratização dos lares (por mais imprescindível que seja apropriar-se do lar, a questão não se resume a isso); maternizar a sociedade (expressão desacertada) ou, no sentido mais desatinado, feminizar a economia...

Carecemos de uma proposta política clara. Ao mesmo tempo, desse lugar outorgamos o sentido primeiro e último da subversão: trata-se de desprivatizar e desfeminizar a responsabilidade de sustentar a vida. Que essa responsabilidade passe a ser o eixo sobre o qual orbite uma economia diferente. Por isso, ainda que não tenhamos de todo clara a articulação política que queremos dar a ela, sabemos que a subversão passa pelo caminho do decrescimento ecofeminista.

Talvez a principal aposta política (e econômica) feminista seja precisamente abrir o espaço de possibilidade para construí-la juntas. Não temos nome porque não existimos ainda. Existe a força, o magma, mas precisamos nos aglutinar, tornarmo-nos comum e coletivo, construirmo-nos com esse *nós, mulheres*[5] comprometido com a subversão. Uma aposta não normativa, mas processual; não fechada, mas disposta à reinvenção. Uma aposta na qual o sujeito da subversão não preexiste, mas é por nós construído como tal, ao mesmo tempo em que subvertemos o que existe.

3. Que economia futura imaginamos?

Não pretendemos ter nem uma meta fechada, nem um manual de instruções para abrir o caminho. Mas necessitamos de pistas sobre o caminho a seguir e de um horizonte de transição do qual nos aproximarmos.

Imaginamos um sistema socioeconômico futuro que tenha feito *as pazes com a biosfera*, ou seja, que tenha assumido os limites do planeta e se entenda como uma de suas partes constitutivas. Um sistema que não gire em torno da lógica da acumulação, mas cujo eixo central seja estabelecer coletivamente as condições de possibilidade de um bom conviver universal e diverso. Tudo isso já dissemos. E o que mais?

Imaginamos uma economia diversa em rede. Não imaginamos o mundo de forma monolítica; não há uma única aposta nem um modelo purista válido para todos os conjuntos sociais. Imaginamos uma economia na qual se combinem espaços que poderíamos chamar de *públicos* (que não se refere ao institucional burocrático de hoje); espaços do *comum* (do comunitário e dos bens comuns); e unidades econômicas menores, que poderíamos chamar de *famílias por escolha*. Uma economia na qual funcionem pontes entre essas

••••••

5. N. da T.: Em espanhol, *nosotras*, já que o pronome pessoal flexiona em número e gênero na língua castelhana.

diversas esferas que respondam, ao mesmo tempo, aos diferentes graus da interdependência.

Há dimensões do viver bem que podemos organizar de maneira muito próxima e sobre as quais podemos ter (ou recuperar) um alto grau de autonomia, desde o cuidado cotidiano da saúde até a geração de energia. Outras, como a alimentação, exigem redes coletivas mais amplas. E outras ainda implicam alto grau de coordenação para garantir o funcionamento de mecanismos mais complexos, como um sistema de transplantes.

Imaginamos uma economia diversa na qual se multipliquem espaços de produção para o autoconsumo (desde uma horta urbana até um centro de saúde comunitário). E na qual estes se combinem com espaços de troca: alguns, monetizados (com um dinheiro que não sirva como meio de acumulação, mas para mero intercâmbio, e que esteja submetido a controle democrático); outros, de intercâmbio não monetizado (espaços de troca, de reciprocidade e de colaboração). E na qual esses múltiplos espaços funcionem em rede, com o eixo articulador de corresponsabilizar-se para estabelecer as condições de possibilidade do bom conviver. Não apostamos em outra economia, mas em *outras economias diversas.*

Imaginamos uma economia descomplicada e relocalizada. Descomplicar implica aproximar as ações de suas consequências. Diante de uma economia perversa, na qual cada um é uma peça minúscula de uma engrenagem complexíssima que não controlamos (e na qual, consequentemente, é muito fácil perder de vista as implicações de nossos atos), apostamos em uma economia em escala humana. Ao mesmo tempo, relocalizar é a única forma de avançar em direção à sustentabilidade ambiental e à participação direta na gestão do comum. Descomplicar e relocalizar é uma aposta na soberania e na autonomia econômicas (diferentes da autossuficiência e da autarquia).

Sobre soberania, o feminismo disse muito: denunciou que a construção da feminilidade hegemônica passa pela desapropriação da capacidade de decidir sobre o próprio corpo e pela acumulação de conhecimentos sobre como sustentar os corpos alheios. Frente a isso, imaginamos outra economia, na qual todas as pessoas se corresponsabilizem por seus processos vitais (e não deleguem esse saber a suas mães, esposas, empregadas domésticas ou avós) e sejam soberanas sobre eles. Mas essa soberania não se dá no vazio; ela é encarnada no território: no território que é a terra, e no território que é o corpo. Imaginamos uma economia na qual tenhamos soberania sobre o território corpo-terra.

E imaginamos outras economias futuras, nas quais ocorra um processo duplo: de um lado, um avanço nas formas de resolução das necessidades que sejam coletivas e estejam desmercantilizadas (diante do nexo entre bem-estar, consumo mercantil individual e trabalho assalariado que se impõe nessa Coisa Escandalosa). Uma economia na qual o dinheiro seja cada vez menos central e as formas de gestão da vida, menos individuais. E, de outro lado, uma reorganização simultânea dos trabalhos socialmente necessários. Ou seja, uma destruição das formas de trabalho hoje existentes, porque elas são parte inerente da economia a subverter, tanto o trabalho assalariado como sua contraparte dos cuidados feminizados, privatizados e invisibilizados. E uma desaparição da divisão sexual do trabalho, na qual se articulam essas formas hegemônicas (trabalho assalariado e cuidados), e que permeia nosso cotidiano em todos os níveis. Precisamos definir quais trabalhos são imprescindíveis para a obtenção do bom conviver. E construir outras formas de valorização e partilha em ruptura frontal com as atuais, que se dão sob parâmetros capitalistas, antropocêntricos, heteropatriarcais e colonialistas.

Essas economias futuras que imaginamos talvez já não sejam *economia*. Não o serão no sentido em que agora se costuma entender o econômico: um espaço marcado pelos fluxos monetários, desengajado do social e do político, e com um motor interno próprio (a acumulação) que entra em contradição com os processos vitais. Serão *economia* no sentido afirmado pelo feminismo, como o conjunto de processos que dispõem as condições de possibilidade de vidas que merecem ser vividas. Mas para nomear isso talvez precisemos de outras palavras.

Já estamos caminhando em direção a essa outra economia possível, ou melhor, essas outras economias diversas possíveis? A ideia fundamental deste texto é que sim, estamos. Por isso, vamos agrupar as propostas e as práticas já existentes em três níveis: nível macro (que se refere ao conjunto do sistema econômico), nível meso (que se refere às instituições econômicas específicas, desde as políticas públicas até os diversos mercados) e nível micro (o das vivências concretas das pessoas).

Propostas e práticas de subversão em nível macro

Resistência à penetração da lógica de acumulação a novos territórios (defesa do comum, luta contra tratados de livre comércio e investimento)

Desfinanceirização da economia

Luta contra os espartilhos austericidas, fim do dogma do déficit zero

Auditoria cidadã da dívida: não devemos, não pagamos

Visibilização dos cuidados e luta contra seu papel de colchão oculto do sistema

Mudança dos indicadores

Propostas e práticas de subversão em nível meso

Mercado de trabalho

Medidas contra as discriminações e por emprego decente

Não é uma luta por dinheiro, mas contra o trabalhador fungo

Prioridade dos direitos de conciliação,[6] mas:

- Não só para mulheres e famílias nucleares
- Não só para maquiar o conflito capital-vida

A emancipação não está no emprego, a subversão está no fim do trabalho assalariado e sua contraparte, os cuidados invisibilizados

Política fiscal e área pública

Reforma fiscal profunda e progressiva, revisada a partir da perspectiva feminista, e que garanta disponibilidade de recursos

Defesa férrea e crítica do público

- O horizonte não é o estado de bem-estar, mas o público é imprescindível na garantia do bom conviver: defesa e ampliação do que há
- Aproximar o público do comum
- Garantia da igualdade e da diversidade
- Mecanismos coletivos de correção de privilégios

Orçamentos sensíveis a gênero/participativos/com enfoque no bem-estar

Economia social e solidária

É social e solidária e/ou feminista?

6. Direitos de conciliação referem-se a uma série de direitos presentes nas leis trabalhistas, que fixam medidas em matéria de adaptação de jornada de trabalho, férias e licenças remuneradas.

Que papel tem o dinheiro? —> moedas sociais/locais

Espaços autogeridos e desmercantilizados
No sentido da resolução coletiva e não mercantilizada das necessidades
Ensaiar formas de reorganização dos trabalhos
Desobediência à legalidade e combate à propriedade privada

Reforma agrária
A terra a serviço do bem comum, a terra para quem trabalha nela
Reconhecer o protagonismo das mulheres camponesas
Agroecologia e soberania alimentar
Ruralização da sociedade

Propostas e práticas de subversão em nível micro
Desobediência diária ao gênero
Desobedecer às dimensões econômicas da matriz heterossexual
Reconhecer a dimensão econômica da desobediência em matéria de desejo sexual, identidade de gênero, amor e relações
Somos sujeitos feridos/machucados —> rebelarmo-nos para construir uma lógica ecológica do cuidado

Erosão da divisão sexual do trabalho nas práticas cotidianas
Nos casais, nos lares e em todo tipo de espaços de convivência e trabalho
Recuperar espaços para pensar coletivamente como fazê-lo

Uma revolução silenciosa da economia no dia a dia
Construção cotidiana e coletiva de outros sentidos do viver bem (consumo, maternidade, formas de convivência)
Formas de vida ecologicamente sustentáveis

4. Propostas e práticas de subversão em nível macro

Neste nível encontramos a resistência à penetração da lógica da acumulação em novos territórios ou, dizendo de outra forma, a resistência às novas formas de acumulação por espoliação. Isso passa pela defesa do comum: a luta contra o (neo)extrativismo em defesa da água, da terra, das florestas... E também a defesa dos serviços públicos e dos mecanismos coletivos de gestão dos riscos de viver. Passa também pela luta contra os tratados de livre comércio e investimentos, os já estabelecidos e as estruturas que os sustentam (OMC, FMI...), assim como a nova onda que nos acossa em todos os níveis: global, regional e bilateral (TPP, TISA, TTIP, CETA...). Passa por desfinanceirizar a economia. Passa por desvincular as finanças públicas da lógica financeira e dos espartilhos austericidas. Passa por desobedecer à legalidade que impõe as prioridades mercantis (na Europa, isso vai desde o memorando assinado pela Grécia contra a vontade popular até o artigo 135 da Constituição, aprovado pelo Estado espanhol com *agostidad y aleivosia*).[7] Passa por ir contra a lógica do déficit zero e por desvincular os tempos dos orçamentos públicos dos tempos dos mercados: é inaceitável a aprovação de políticas econômicas considerando que as bolsas de valores possam qualificar melhor a dívida de um país antes de seu fechamento diário. Os tempos da política econômica hão de ser os tempos da vida (humana e não humana), não os da volatilidade financeira nem os dos balanços contábeis empresariais.

••••••

7. N. da T.: "Agostidad" se refere ao mês de agosto, época em que a Europa está em férias e seus governantes aproveitam para tomar medidas impopulares sem que haja mobilização contrária. São medidas tomadas com aleivosia, ou seja, de maneira traiçoeira.

Em nível macro, temos uma proposta muito potente quanto à auditoria cidadã da dívida. Uma auditoria que consiga definir que parte da dívida pública é ilegal e que parte é ilegítima em termos sociais e ambientais. Uma auditoria que identifique as dívidas históricas e ambientais acumuladas ao longo da história colonialista. A partir da posição de um país (ou entidade) como devedor, temos de nos comprometer a não pagar dívida ilegal ou ilegítima e a renegociar a parte que realmente é devida. E, quando um país é credor, deve comprometer-se a perdoar a dívida ilegal ou ilegítima. Finalmente, temos que nos comprometer a saldar dívidas históricas acumuladas. Para colocar em andamento essa auditoria cidadã, precisamos articular melhor o que significa introduzir critérios feministas na definição da ilegitimidade da dívida. Temos experiências diversas, mas insuficientemente sistematizadas e relacionadas ao comum.

A luta para que os trabalhos não remunerados deixem de ser o colchão invisível – e supostamente infinitamente elástico – de reajuste do sistema é uma luta crucial no nível macro. Significa dizer que o conflito capital-vida não pode ser resolvido ocultando-o nos cuidados invisibilizados. Ainda que às vezes nos custe identificar em que propostas concretas isso se materializa, continua sendo imprescindível fazer essa denúncia, e expor à luz o gigante econômico que uma economia heteropatriarcal e racista oculta.

Um aspecto macro, que pode parecer meramente retórico, mas tem profundas consequências, é o sistema de indicadores que nos dá, aparentemente, uma fotografia da economia e de sua evolução. Necessitamos nos rebelar diante do fato de que o crescimento econômico (ou seja, a expansão mercantil) seja a medida da melhoria coletiva, que a renda *per capita* nos fale de nossos níveis de bem-estar, que as taxas de emprego aludam à atividade econômica das pessoas. Nem bem-estar é produto interno bruto, nem trabalho socialmente necessário é emprego. É urgente ter outro sistema de indicadores que não seja feito à imagem e semelhança dessa Coisa Escandalosa. E o feminismo tem um percurso muito rico na proposição de sistemas de indicadores não androcêntricos, por exemplo, na medição e no uso dos tempos.

5. Propostas e práticas de subversão em nível meso

Muitas coisas estão sendo feitas e exigidas em nível meso. Mencionaremos aqui algumas delas.

5.1. Mercado de trabalho

O mercado de trabalho é uma das áreas nas quais mais temos propostas. Sabemos que as discriminações em razão do sexo são múltiplas. Elas se dão no nível do acesso, da permanência e da saída do emprego, e se entretecem com as discriminações por status migratório, etnia, orientação sexual, identidade de gênero, diversidade funcional etc. É imprescindível recuperar a imensidão de propostas práticas. Algumas delas já foram apresentadas, sobretudo, por parte dos sindicatos em todo o globo (fundamentalmente, das áreas da mulher/de gênero de sindicatos mistos e/ou de sindicatos que aglutinam prioritária ou unicamente trabalhadoras). Propostas para combater as discriminações múltiplas e para obter condições de trabalho dignas. Isso pode passar por lutas concretas e imediatas como, no contexto espanhol, a revogação das últimas reformas trabalhistas; ou para que os 164 países que atualmente não ratificaram o Convênio 189 da Organização Internacional do Trabalho (OIT) sobre trabalho digno para o emprego do lar o façam.

Do feminismo, sabemos que nossa luta principal no que tange ao mercado de trabalho não é o dinheiro. Não é uma luta única nem prioritariamente por aumento salarial. É uma luta para que se reconheça que quem atua no mercado de trabalho não é mera *força de trabalho*, mas pessoas. É uma luta contra o que temos chamado de *trabalhador fungo*, que é o que pede o mercado: aquele que não necessita de autocuidado nem tem responsabilidade sobre o cuidado de outras pessoas, mas que aparece emocional e fisicamente sadio todo dia, plenamente disponível e flexível para as necessidades da empresa.

Na luta contra essa figura, a exigência do que conhecemos como direitos de *conciliação* da vida profissional, familiar e pessoal é fundamental. Pois bem, temos de lutar por esses direitos, tendo em mente várias coisas. Esses direitos devem responder a vínculos de cuidados diversos e não só à família nuclear (radiativa). Temos de evitar que o discurso da conciliação sirva para atualizar a responsabilidade das mulheres sobre os cuidados, ao dirigir – pela lei – os direitos somente para nós. Mas, sobretudo, temos de impedir que a ideia da conciliação opacifique os conflitos de fundo, que são o núcleo duro a abordar. Esses direitos não devem ser usados para maquiar o conflito capital-vida. Não podem, por exemplo, nos falar de conciliação para argumentar em favor da ampliação do horário comercial. Em última instância, sabemos que *a conciliação é mentira*. Se uma empresa capitalista permite a conciliação plena em sua fábrica, não será mais *rentável*, e mais: não será uma empresa capitalista. Mas, enquanto isso, atuamos na tensão e vamos arrancando *pedacinhos de vida* do capital, devolvendo-os a nós mesmos. Para assumir, todes, a responsabilidade de cuidar da vida no cotidiano.

E como são financiados todos esses direitos de *conciliação*? Exigindo-se que as empresas capitalistas paguem pela reprodução da mão de obra que utilizam, na forma de contribuições à seguridade social e de impostos progressivos aos benefícios. Finalmente, uma reivindicação-chave em matéria de mercado de trabalho é a redução drástica da jornada de trabalho. Às vezes se propõe dividir o tempo de trabalho remunerado entre toda a população que deseja um emprego. Assim, por exemplo, calculou-se para a Europa que a jornada deveria se reduzir a vinte e uma horas semanais.

Mas, e se fizermos ao contrário? Vamos dividir o tempo de trabalhos não remunerados que temos de fazer e vejamos quanto tempo nos sobra para utilizar no mercado. A redução da jornada de trabalho não pode implicar uma redução da massa salarial destinada ao conjunto de pessoas trabalhadoras. Deve, isto sim, ser acompanhada de uma revisão da estrutura salarial: aumento dos salários mínimos, estabelecimento de salários máximos, revisão do valor dos trabalhos em função de seu aporte aos processos vitais (garantindo, além disso, igual remuneração para trabalho de igual valor) e estabelecimento de critérios coletivos sobre que diferenças salariais são consideradas legítimas e ilegítimas. Ou deveríamos inclusive falar de salários iguais, já que nossas vidas valem o mesmo?

Mas o que melhorarmos em termos de direitos trabalhistas não deve nos confundir em relação ao objetivo de fundo de acabar com o trabalho assalariado enquanto trabalho alienado, submetido à lógica de acumulação e que tem uma face oculta, a dos cuidados feminizados. Nosso horizonte é reconstruir a ideia de trabalho, colocar os trabalhos (ou como se queira que os chamemos) a serviço do bom conviver. A emancipação não está no emprego. A subversão está na reorganização radical dos trabalhos socialmente necessários.

5.2. Política fiscal e defesa crítica do público

Já conhecemos bem os vieses de gênero da política fiscal, mesmo que ainda restem muitas facetas por esquadrinhar (por exemplo, em vários dos *municípios del cambio*[8] no Estado espanhol estão tentando identificar esses vieses na política fiscal local). A partir daí, nos somamos à exigência de uma reforma fiscal profunda e progressiva (além da luta contra a fraude e os paraísos fiscais). Ao mesmo tempo, devemos introduzir elementos adicionais para definir essa progressividade.

Apostamos em uma reforma fiscal que priorize os impostos diretos sobre os indiretos, assim como os impostos ao capital sobre os impostos ao trabalho. Pelo fim da regressividade dos impostos ao capital, que taxa as pequenas empresas enquanto abre as portas da gratuidade às grandes corporações. Uma reforma fiscal que redistribua do capital ao trabalho, do trabalho remunerado ao não remunerado, do BBVAh ao conjunto da sociedade. Uma política fiscal progressiva é aquela que não prioriza algumas formas de convivência sobre outras. É aquela que revisa criativamente seus mecanismos sob a ótica da sustentabilidade da vida. Por exemplo, assim como várias companheiras fizeram em Gipuzkoa[9] (o que foi imediatamente revogado quando o partido conservador voltou ao poder). Ali, se redefiniu a própria ideia de incentivos à pesquisa e desenvolvimento e inovação não tecnológica na hora de estabelecer os investimentos com direito à redução no imposto das sociedades. De investimentos capazes de melhorar o ranqueamento no mercado, os incentivos foram dados a

• • • • • •

8. N. da T.: A autora se refere às cidades em que candidaturas oriundas de movimentos sociais, sem ligação com os partidos tradicionais, venceram as eleições de 2015. Os casos mais significativos foram o da juíza Manuela Carmena, que arrebatou Madri, e o da ativista por moradia, Ada Colau, que venceu em Barcelona.
9. Mantivemos a grafia dos nomes em basco. Gipuzkoa é uma das três províncias da Comunidade Autônoma do País Basco, e tem como capital Donostia (San Sebastián).

investimentos que implicavam assumir "responsabilidade em facilitar a reprodução social e a sustentação coletiva do bem-estar afetivo e material das pessoas".

Uma reforma fiscal desse tipo há de nos permitir dispor de recursos monetários coletivos... para quê? Para arcar com uma defesa férrea e crítica do público.

Sabemos que o estado de bem-estar não é de modo algum nosso horizonte de luta. O estado de bem-estar é próprio de uma economia capitalista que questionamos. Inclusive em suas mais (supostamente) exitosas versões, o estado de bem-estar sempre se sustentou sobre a desigualdade internacional, o espólio ao meio ambiente e a divisão sexual do trabalho.

Defendemos, sim, o público como a assunção de uma responsabilidade coletiva na garantia de certas dimensões do bom conviver. Defendemos os sistemas públicos sanitários, educativos e de proteção social. Defendemos o transporte público e a moradia pública. Defendemos a ampliação dos serviços e dos bens públicos, por exemplo, para promover a autonomia, cobrir a atenção à dependência e garantir a educação infantil. E a reversão daquilo que foi privatizado. Defendemos a ideia de que há setores estratégicos que devem ser proibidos de ter fins lucrativos.

Mas o defendemos criticamente pelo menos em três sentidos. É preciso introduzir mecanismos de participação e de gestão direta do público que o aproximem aos poucos do comum e rompam com uma visão burocrática e hierárquica do que é coletivo. Imaginamos um espaço econômico público que não esteja em oposição, mas em conexão direta com o comum. Criticamente também porque, ao mesmo tempo em que sabemos que o público tem uma grande capacidade de tornar real o critério da universalidade, temos de reconhecer que com frequência o faz à custa de negar a diversidade, de impor modos de vida homogêneos e padronizados.

Precisamos usar a imaginação para pensar em como construir o público de forma a garantir simultaneamente a igualdade e a diversidade. Provavelmente isso estará vinculado a essa aposta pela aproximação do público com o comum. Por último, criticamente no sentido de querer superar o papel atual do Estado como mero redistribuidor. Isso porque, no melhor dos casos, o Estado age em um segundo momento para encobrir a distribuição primária regressiva que se dá no funcionamento cotidiano da economia. Para além de um Estado que, quando muito, reparte um pouco melhor o que primeiramente foi mal repartido, podemos imaginar instituições do público-*comum* que ponham em marcha mecanismos de correção de privilégios? Mecanismos que ultrapassem o voluntarismo de cada um e desloquem o foco da discriminação para o privilégio.

O feminismo ensaiou modos de conectar as receitas (política fiscal progressiva) aos gastos (defesa crítica do público). Aqui se situam os orçamentos sensíveis ao gênero, os orçamentos com enfoque no bem-estar e os orçamentos participativos. Essas ferramentas não são simples, nem são sempre igualmente úteis, mas fazem parte do instrumental que temos disponível e que podemos utilizar quando nos parecer conveniente.

Obviamente, essa aposta no público depende da confiança que em cada contexto possa existir nas instituições públicas. Quando o Estado é uma entidade não só excessivamente distante, mas diretamente inimiga, a aposta pelo público é a aposta pelo comum, e não pelo institucional. Em outros contextos, por sua vez, há uma aposta forte em *tomar a política de assalto*.

5.3. Economia social e solidária

Na busca dessas outras economias, a economia social e solidária (ESS) aparece como uma aposta fundamental. Há mecanismos claros para promovê-la, desde a compra e a contratação pública até o compromisso cidadão cotidiano.

São muitas as companheiras que estão fazendo perguntas profundas nesse sentido: em que medida as entidades podem ser *sociais e solidárias* se não são feministas? E o que significa funcionar sob parâmetros feministas? Como usar a ESS, em uma economia na qual ainda somos *escravas do salário*, como forma econômica de ruptura direta com o capitalismo, sem cair na roda do fomento ao consumismo? Estamos usando a ESS como uma maneira alternativa de produzir e também de consumir em coletivo? Que dificuldades tem a ESS para garantir sua sustentabilidade financeira e também sua sustentabilidade reprodutiva? Podem essas entidades responder plenamente às necessidades e responsabilidades de cuidados de seus membros no contexto de uma sociedade que não se corresponsabiliza?

O fomento da ESS nos coloca ao mesmo tempo a questão do papel do dinheiro. Apostar na ESS pode e deve estar ao lado da colocação em circulação de moedas locais, controladas democraticamente e que devolvam ao dinheiro seu papel de instrumento de intercâmbio e não de acumulação. Muito bem, isso nos devolve à pergunta fundamental: como vincular valor de uso e valor de troca? Como expressar monetariamente o valor das coisas? O que é valor? Necessitamos de mais pensamento feminista sobre isso; vinculando o valor ao grau de contribuição para os processos de sustentabilidade da vida.

5.4. Espaços autogeridos e desmercantilizados

A aposta no público explode por dentro um mercado de trabalho capitalista heteropatriarcal e multiplica os espaços da ESS. Por isso, essa aposta deve seguir de mãos dadas com a aposta na proliferação de espaços autogeridos que permitam a resolução coletiva e desmercantilizada das necessidades. Tais espaços, além disso, são um âmbito-chave para ensaiar outras formas de organização dos trabalhos e para nos perguntarmos qual é esse bom conviver que queremos tornar real. Centros sociais; casas ocupadas; bancos do tempo; experiências DIY (*do it yourself*, ou faça você mesma) ou, melhor ainda, DIWO (*do it with others*, faça com outros); grupos de criação compartilhada; lojas grátis; redes de apoio mútuo... Em diversos contextos, uns e outros terão mais ou menos pujança. Mas, inclusive nos territórios em que essa Coisa Escandalosa penetrou com toda a sua força, há espaços que funcionam sob critérios radicalmente distintos. São áreas imprescindíveis a defender e ampliar, pelas vias também da desobediência à legalidade vigente e/ou da expropriação e do combate à propriedade privada.

5.5. Reforma agrária e soberania alimentar

A aposta na reforma agrária abrange a redistribuição da propriedade da terra, na luta contra o latifúndio e rumo à propriedade social. É proposta a partir da ideia de que a terra não é uma mercadoria, mas um bem da natureza que deve estar a serviço do bem comum. A reivindicação da reforma agrária está vinculada à aposta na soberania alimentar. Isso leva em conta o direito dos povos a estabelecer seu próprio sistema alimentar e enfatiza a centralidade das economias camponesas e a agroecologia. Tudo isso está associado ao desafio (ou talvez à pergunta) de colocar em andamento um processo de *recamponesação* da sociedade. E, portanto, questionar o urbano como destino inevitável do suposto *progresso*, sem cair em uma idealização acrítica do rural.

Nessas lutas, é preciso reconhecer o papel das mulheres camponesas como (re)produtoras, evitando que fiquem presas à caixa-preta da *família camponesa*, e reconhecendo seus saberes. Ao mesmo tempo, na medida em que essas apostas se associam à ideia de construir ou recuperar comunidade, devem ser questionados os elementos de controle sobre todo sujeito *outro* (o outro do que em cada contexto se defina como a *normalidade-normatividade*). Em concreto, o controle do corpo, da sexualidade e da vida das mulheres, que em muitas ocasiões caracterizam as relações comunitárias.

6. Propostas e práticas de subversão em nível micro

São múltiplas as práticas econômicas que, no cotidiano e aparentemente menores, subvertem o sistema. Aí colocamos em prática uma revolução silenciosa, mas precisamos pensar de forma coletiva quando, efetivamente, fazemos isso.

6.1. A revolução silenciosa

Subvertemos o sistema quando, na desobediência diária ao gênero, incluímos a desobediência às dimensões econômicas da matriz heterossexual. Subvertemo-lo quando lemos a dimensão econômica da desobediência a aspectos tais como o ordenamento heteronormativo do desejo sexual, a identidade de gênero e o amor. A matriz heterossexual nos transforma em *sujeitos feridos*. A masculinidade hegemônica, em termos econômicos, mantém a lógica da construção de si para si, que visa à autossuficiência mediante a inserção exitosa individual no âmbito dos mercados. E a feminilidade hegemônica segue uma lógica de si para o resto, uma lógica da dependência e da imolação por meio dos trabalhos residuais que hão de ser feitos *por amor*. Ambas são subjetividades feridas que nos impedem de resolver a interdependência em termos de horizontalidade.

Por isso, desobedecê-las é um passo indispensável. Para quem se lê como mulher, isso implica nos rebelar diante da ética reacionária do cuidado... sem cair no delírio da autossuficiência. E isso requer questionar o amor (o amor romântico, o pensamento amoroso, o amor materno) que nos sujeita a essa ética. Só a partir daí poderemos construir uma lógica econômica diferente. Aquela que há quem queira chamar de ética do cuidado e que talvez pudéssemos melhor denominar de lógica ecológica do cuidado. Uma lógica que não está nem na ética produtivista da masculinidade branca, nem nas éticas (neo)servis dos sujeitos subordinados ao BBVAh. Uma lógica que hoje ainda não existe como estrutura coletiva, mas que vamos inventando nas práticas e subjetividades que utilizamos em desobediência.

A erosão da divisão sexual do trabalho em nossas práticas cotidianas é outro caminho-chave para a subversão. Ao dizer isso, estamos nos referindo a uma organização perversa dos trabalhos que vai muito além da simples cisão entre trabalho remunerado e não remunerado. Sabemos que a divisão sexual do trabalho tem a ver com uma distribuição sistêmica dos trabalhos ao longo da matriz heterossexual. Uma divisão que distingue entre trabalhos que deixam marca e os que não deixam marca (porque seu produto é um produto vivo, que se *consome* no mesmo momento em que se gera). Trabalhos nos quais o sucesso e o mérito podem ser individualizados em relação a trabalhos nos quais o mérito se dilui no coletivo. Trabalhos que se fazem no público e no visível ante trabalhos que se realizam na escuridão, nas entranhas. E, em última instância, sabemos que a divisão sexual do trabalho se refere a que, nos trabalhos associados à masculinidade, haja uma correlação direta entre resultados materiais (em termos monetários e de direitos) e prestígio social. Enquanto nos feminizados essa correlação é inversa: maior é o reconhecimento social quanto mais se faça gratuitamente. Porque os autênticos trabalhos das boas mulheres devem ser feitos por amor.

Precisamos nos rebelar diante dessa estrutura nos casais heterossexuais e em nossos lares. E também em todo outro tipo de relações e de espaços de convivência (profissionais, comunitários, políticos etc.). A luta contra a divisão sexual do trabalho foi um aspecto fundamental do feminismo há algumas décadas. Hoje isso talvez esteja um tanto abandonado, como consequência negativa de conquistas que supostamente já tivemos. Talvez seja o momento de recuperar espaços de discussão coletiva para entender como essa divisão do trabalho se rearticulou nos últimos anos; como se vincula a novas formas de maternidade; como se reconfigurou ao longo de eixos de desigualdade por status migratório e raça; como se vincula a um ideal de autossuficiência no qual quem pode delega o cuidado cotidiano de seu corpo e de sua vida, etc.

No dia a dia construímos também outros sentidos do viver bem. É no cotidiano que podemos estabelecer formas de vida ecologicamente sustentáveis. E podemos romper com a roda do consumo. E podemos desobedecer à maternidade imolada e, em um sentido mais amplo, questionar a maternidade e o cuidado como destinos femininos. É no cotidiano que podemos estabelecer outras relações de convivência, que combinem a autonomia e a livre escolha, ao mesmo tempo em que assumem um compromisso diante das facetas desagradáveis da vida. *Famílias escolhidas* que não sejam restritivas, mas que também não se desmanchem quando as coisas ficam difíceis, porque assuntos como dor e doença também são parte da vida.

Muitas são, portanto, as formas de subversão no cotidiano. O passo fundamental é lhes dar um sentido político, transcender a mera prática individual e desconexa, porque, como temos dito sempre a partir do feminismo, o pessoal é político. Não pode haver subversão dessa Coisa Escandalosa se não há uma revolução silenciosa da economia do dia a dia, de nossas práticas concretas, de como nos reconhecemos como agentes econômicos, e de nossos desejos íntimos e relações interpessoais. E também não pode haver subversão se essa revolução silenciosa não é vista e nem nomeada como tal: práticas que excedem a lógica capitalista, que arrebentam essa Coisa Escandalosa a partir de sua reconstrução sempre inacabada.

6.2. Em busca de ferramentas coletivas

Para poder dar o salto entre as práticas micro e a subversão, precisamos nos perguntar juntas quando, onde e como estamos efetivamente virando do avesso o sistema que queremos revolucionar. Isso foi o que fizeram as companheiras da Red de Mujeres Mesoamericanas en Resistencia por una Vida Digna. Elas questionaram as iniciativas de geração de renda que muitas delas estavam implementando para poder avançar no contexto de forte crise de reprodução que vive a América Central. Propuseram-se a identificar juntas quando essas iniciativas poderiam ser definidas como práticas de resistência anticapitalista, antineoliberal e antipatriarcal.

Nas palavras de Tita Torres,[10] em primeiro lugar defendem que toda iniciativa tem um primeiro nível de "resistência ética e

••••••

10. Documento *Indicadores y variables para valorar y fortalecer las iniciativas de generación de ingresos y las experiências económicas de resistência desde las mujeres.* Elaborado por Ana Felicia Torres em 2014, no âmbito do processo de estímulo às iniciativas econômicas em resistência, com um olhar a partir da economia feminista e o bom viver desenvolvido pela Red de Mujeres Mesoamericanas en Resistencia por una Vida Digna.

política: não aceitar que neste mundo haja população descartável". A partir desse primeiro nível, que nunca se perde de vista, as mulheres "vão desenvolvendo outras formas de resistência econômica, relacionadas à organização do trabalho e do cuidado ao âmago das experiências e nas famílias e diversas formas de resistência cultural e política, relacionadas às formas de produção, com os mecanismos e espaços de comercialização e intercâmbio, e com o autoconsumo e o consumo". A tabela a seguir mostra uma reelaboração própria dos "caminhos" que elas encontraram para definir a resistência.

Caminhos para a identificação de práticas de resistência anticapitalista, antineoliberal e antipatriarcal

Desenvolvimento organizacional e relações políticas entre mulheres	Iniciativas coletivas (ainda que nem todo o circuito econômico tenha de ser coletivo) e que combinam a organização coletiva em termos econômicos com a política
Elementos de resistência em produção, distribuição, comercialização e intercâmbio	Iniciativas que apostam na soberania econômica em termos de uso e capacidade de decisão sobre os meios de produção e o processo; circuitos econômicos curtos e mais simples, dissociados do dinheiro
Cuidado mútuo e autocuidado	Iniciativas que dão atenção especial a tirar da invisibilidade os cuidados, e apostam em organizá-los e valorá-los de outra forma. Iniciativas que são em si redes de cuidados entre as mulheres que as integram

Reprodução da vida e da rede da vida	Iniciativas que reproduzem a (boa) vida (a humana e a da mãe terra), ao mesmo tempo em que abrem um debate sobre o que chamamos bom viver (mudam a ideia associada ao consumismo e ao sacrifício) e defendem a soberania do território corpo-terra onde a vida cria raízes
Desenvolvimento de projetos pessoais de vida das mulheres	Iniciativas que respondem aos projetos de vida próprios das mulheres: projetos que vivem individualmente, mas que se constroem também no coletivo. Não pensamos os projetos de vida próprios como a soma dos projetos individuais e isolados de cada uma
Recuperação de práticas e saberes ancestrais	Iniciativas que recuperam saberes ancestrais e dão autonomia sobre nossas vidas, sobre o território-corpo-terra e garantem a sustentabilidade. Essa recuperação é uma recuperação crítica, porque questiona as dimensões patriarcais dos saberes e práticas ancestrais

Definitivamente, há muita subversão possível nas práticas concretas, inclusive naquelas que colocamos em ação para, de uma forma ou de outra, *seguir em frente*. Mas a subversão não é automática, e precisamos pensá-la juntas, e aprender com quem vem caminhando.

7. Reflexões finais

No momento atual, precisamos de iniciativas de transição. Ou seja, iniciativas que escapem ao paralisante dilema de *reforma* ou *revolução*, entendendo que o mundo já está mudando pela conjunção do colapso ecológico e da crise civilizatória. Daí, as iniciativas de transição hão de conjugar a resposta às urgências com o assentar das bases de uma mudança sistêmica. As iniciativas que desejamos são iniciativas *suficientemente boas*; não são perfeitas nem imaculadas, porque todes estamos na lama. Mas são iniciativas ousadas, que deixam de lado o medo do desconhecido, que confiam em um futuro diferente. E que se baseiam na confiança mútua, na certeza de que é em comum que construímos vidas vivíveis (e não no estrangulamento da família nuclear, nem na despersonalização de sermos clientes no mercado ou sujeitos passivos de um Estado burocrático).

Essas iniciativas para a subversão feminista dessa Coisa Escandalosa conjugam múltiplas apostas. De um lado, estão lutas e reivindicações que já existem e não são reconhecidas como explicitamente feministas. Temos de fazê-las nossas, de entender que fazem parte profunda da proposta do feminismo, ao mesmo tempo em que as revisamos a partir de nossa proposta política. Entre essas lutas, por exemplo, podemos citar a soberania alimentar, a auditoria da dívida ou o decrescimento.

Por outro lado, encontramos as lutas e reivindicações que já existem e que, sim, são explicitamente feministas. Em relação a estas, há várias tarefas-chave. Temos de sistematizá-las e lhes dar um sentido de conjunto, porque a dispersão nos faz perder de vista sua amplitude e potência. Precisamos também recuperar os elementos de resistência e confrontação que estão em seu seio e que, às vezes, fomos perdendo em um processo de edulcoração. Assim, por exemplo, a luta para que os direitos de *conciliação* não se dirijam apenas às mulheres não pode ser transformada em uma suposta defesa do direito dos homens a cuidar. Trata-se de erodir seu privilégio de desincumbir-se do cuidado e da defesa do direito das mulheres à *insubmissão ao serviço familiar obrigatório*.

E precisamos abordar debates não resolvidos, entre eles: como nos posicionamos diante da maternidade; o que queremos fazer com o emprego do lar para além de uma exigência inicial (e insuficiente) de condições de trabalho dignas; e qual é nossa proposta quanto às bioeconomias da reprodução assistida que proliferam hoje em dia.

As iniciativas de subversão incluem não só reivindicações futuras, mas também práticas já existentes. Nesse sentido, quem se encontra na Europa colonialista, como nós, precisa prestar atenção especial a Abya Yala (e outros territórios do Sul global). Neles podemos encontrar formas econômicas não plenamente atreladas a essa Coisa Escandalosa. Há mais linhas de fuga que rompem o espartilho estado/empresa privada/família do mundo *mal-desenvolvido*. E também porque a estrutura campo/cidade não está ainda tão decantada em favor do predomínio do urbano. As práticas econômicas de mulheres populares, camponesas, indígenas e afrodescendentes podem nos ensinar muito no que diz respeito à consolidação de formas de economias diversas e à recamponização de territórios insustentavelmente urbanizados.

Finalmente, uma aposta fundamental é não abandonar lutas históricas, dando-as por vencidas de maneira cegamente otimista. Uma briga-chave a consolidar é a luta contra a divisão sexual do trabalho, incluindo as revisões que fomos fazendo ao longo dos anos. Hoje sabemos que o gênero sempre foi e continua sendo um eixo definidor da injustiça na partilha e valoração dos trabalhos. Mas também sabemos que age na intersecção com a raça, o status migratório e a classe social. Hoje temos claro que a luta contra a divisão sexual do trabalho não implica apostar na emancipação por meio do emprego. E nem legitimar acriticamente o delegar a outras as tarefas imprescindíveis para a vida com a simples condição de *pagar bem*. Significa apostar em uma reorganização radical dos trabalhos socialmente necessários e na erosão das formas de trabalho hegemônicas hoje (o trabalho assalariado e os cuidados invisibilizados).

Para além, se a luta feminista durante décadas priorizou a questão do trabalho, talvez agora seja o momento de dar um giro: em vez de entrar pela via do trabalho, questionarmos a economia pela via de a quais necessidades/desejos esses trabalhos correspondem. Não se trata apenas de como dividimos as tarefas, mas de questionar o que necessitamos ou queremos fazer. É que, além disso, se não assumirmos o desejo a partir de posições subversivas, nosso desejo se configurará conforme os eixos próprios dessa Coisa Escandalosa. Em última instância, a questão de como tornamos possível a vida traz uma pergunta prévia: quais são as vidas que queremos sustentar, qual é a vida que merece ser vivida? Talvez seja esse o núcleo duro da subversão.

E como estamos subvertendo, sabemos que é muito dura a violência que será exercida sobre nós. É uma violência em que se perfilam nitidamente os fios de continuidade entre a violência capitalista, a violência colonialista e a violência heteropatriarcal. É uma violência que está sendo exercida já e brutalmente: Berta Cáceres e Lesbia Yaneth foram assassinadas, Machi Francisca Linconao é perseguida; os feminicídios perpassam tudo; quem não morre cruzando o Mediterrâneo o faz em lombo de burro tentando chegar aos Estados Unidos; e a Europa não enrubesce diante de quem congela de frio ao exigir um refúgio que lhes é negado.

Partindo dos corpos das mulheres como primeiro lugar de expressão, uma espiral biocida é desatada, absorvendo tudo que é vivo. Se em algum momento se pretendeu maquiar, o conflito com a vida hoje é impudico, e por isso a subversão precisa partir da vida em comum. Porque nos queremos vivas.

3

CONTRIBUIÇÕES DA ECONOMIA FEMINISTA PARA A CONSTRUÇÃO DE UMA ECONOMIA SOLIDÁRIA

MERTXE LARRAÑAGA SARRIEGI[1]
YOLANDA JUBETO RUIZ

Introdução

Neste artigo pretendemos refletir sobre os pontos de convergência entre a economia solidária e a economia feminista, sem deixar de incluir os pontos de divergência que encontramos pelo caminho. Está claro que, uma vez que ambos os enfoques partem de uma crítica à economia convencional e a partir dessa crítica apostam em colocar as bases para estabelecer "outra economia mais justa", esses vínculos existem. Outra questão é até que ponto os laços entre ambas foram aprofundados, tanto em nível teórico quanto em sua aplicação prática, assim como em relação ao caráter implícito ou explícito desses vínculos. Por isso, também daremos atenção aos principais desafios aos quais, em nossa opinião, a economia solidária deve fazer frente para contribuir ativamente com a construção de relações socioeconômicas que coloquem no centro a equidade entre as

1. Mertxe Larrañaga Sarriegi e Yolanda Jubeto Ruiz são professoras do Departamento de Economia Aplicada da Universidade do País Basco (UPV).

contribuições de mulheres e homens nas diversas esferas de nossas vidas.

Neste artigo, em primeiro lugar, destacaremos algumas chaves da economia feminista. Em um segundo tópico, refletiremos sobre os importantes vínculos existentes entre a economia feminista e a economia solidária, sua contribuição ao bem-estar, assim como alguns desafios detectados. Para a análise dos vínculos, tomaremos como base fundamental os princípios elaborados pela Rede de Economia Alternativa e Solidária de Euskadi[2] (REAS Euskadi) para as entidades que a compõem.[3] Também incluímos as reflexões realizadas no grupo de gênero dessa rede, o que nos permitiu concretizar alguns desafios por realizar nessas organizações.

1. Algumas chaves da economia feminista

A economia feminista realiza uma análise ampla das relações econômicas a partir das desigualdades entre as contribuições de mulheres e de homens no processo de reprodução da vida. Constitui-se, assim, em uma proposta emancipadora das relações humanas. A economia feminista busca superar as injustiças nela detectadas, sobretudo, na divisão sexual dos trabalhos. Coloca no centro as atividades de cuidados mútuos de que as pessoas necessitam ao longo de seu ciclo vital, dada a vulnerabilidade da vida humana. E reforça

••••••

2. Euskadi é o nome em basco da Comunidade Autônoma do País Basco, uma das 17 regiões em que se divide o Estado espanhol.
3. Uma primeira análise dos vínculos entre a economia feminista e a economia solidária, realizada a partir dos princípios da REAS, pode ser encontrada em Jubeto e Larrañaga (2014): "La economía será solidaria si es feminista. Aportaciones de la Economía Feminista a la construcción de una economía solidaria", em REAS Euskadi (ed.): *Sostenibilidad de la vida. Aportaciones desde la Economía Solidaria, Feminista y Ecológica*, base inicial deste artigo.

o caráter interdependente e ecodependente das relações humanas. Entre os elementos que formam essa visão alternativa da economia está a identificação do conjunto de atividades que permitem a sustentabilidade da vida humana em condições dignas e de forma sustentável no tempo. E também a análise crítica dos conteúdos das teorias econômicas elaboradas até hoje, apontando os pressupostos subjacentes a elas e que naturalizam diversas relações de dominação.

A partir da crítica ao pensamento econômico hegemônico, a economia feminista detectou os vieses androcêntricos, antropocêntricos e etnocêntricos das principais teorias econômicas. Estas têm uma perspectiva reducionista e simplista dos sujeitos econômicos, de seus papéis e objetivos vitais, assim como do papel da estrutura social e de suas instituições. A fim de superar esse caráter preconceituoso da análise de realidades complexas, a cada dia é mais notória a necessidade de construir uma proposta alternativa em sintonia com outros olhares heterodoxos e transformadores. Entre estes, destacaríamos a economia ecológica e a economia solidária, entre outras.

A economia feminista cruza, assim, a análise crítica das teorias econômicas com a análise das desigualdades econômicas e sociais existentes. Enfatiza especialmente as consequências da divisão sexual do trabalho, fruto da construção social que atribuiu exclusivamente às mulheres a esfera qualificada de "não econômica" das atividades humanas. Desse modo, o trabalho reprodutivo, de cuidados e comunitário, foi designado às mulheres como se fosse uma tarefa "natural", estreitamente ligada a suas características biológicas. Exclui, assim, dos homens o seu potencial cuidador, e os situa como provedores e guardiões das mulheres.

Essa relação hierarquizante desvaloriza as tarefas consideradas femininas, apesar de serem fundamentais para a reprodução da vida e constituírem o elemento básico para que as demais tarefas consideradas econômicas possam ser realizadas. Da mesma forma, oculta o papel ativo desempenhado pelas mulheres na esfera mercantil. Mulheres, especialmente da classe trabalhadora, e posteriormente da classe média, dada sua necessidade de contar com recursos econômicos para sobreviver individualmente e em família. Essa ocultação contribui para consolidar uma visão dicotômica dos papéis femininos e masculinos atribuídos a partir do sexo das pessoas. Uma visão que ignora o potencial que mulheres e homens temos para desenvolver nossas vidas sem estereótipos baseados no sexo.

Essa construção de relações de dominação e de privilégio por parte do sexo masculino nos empobrece como sociedade e limita as possibilidades das mulheres para desenvolver seus projetos vitais de forma autônoma. E o faz ao associá-las aos papéis de esposas e mães dedicadas a priorizar a satisfação dos interesses de seus familiares. Da mesma forma, empobrece os homens, ao incitá-los a exercer papéis de liderança controladores e dominadores sobre as mulheres.

Isso traz consequências nefastas especialmente para elas, ainda que não só, ao gerar algumas espirais atrozes de violência que afetam um terço das mulheres do mundo (35%), segundo dados oferecidos da Organização Mundial de Saúde.[4] Cabe destacar ainda que 38% dos assassinatos de mulheres do mundo são cometidos por seus cônjuges ou ex-cônjuges. Além disso, tende-se a não contabilizar os efeitos dessa violência sobre a infância, que depende emocional e vitalmente desses cônjuges e, particularmente, dessas mulheres, a despeito da gravidade das consequências dessa violência em seus processos vitais.

• • • • • •

4. http://www.who.int/mediacentre/factsheets/fs239/en/. Acesso em 17 de julho de 2021.

Em suma, constata-se que, nessa divisão de papéis estereotipados, os homens têm mais liberdade de ação na esfera pública e gozam de privilégios na esfera mercantil e familiar. Enquanto a maior carga de responsabilidade e trabalhos não ou mal remunerados, e frequentemente precarizados, são atribuídos às mulheres. No entanto, não podemos esquecer que essa estruturação social também gera nos homens múltiplos sentimentos de frustração e impotência quando não conseguem corresponder às expectativas sociais (êxito social, principal provedor da família...). Além disso, entre outros efeitos dessas relações de desigualdade, em alguns casos, gera uma elevada, ainda que não reconhecida, dependência emocional e vital das mulheres, que tendem a negar.

Todos esses imperativos sociais e suas nefastas consequências limitam os homens em seu potencial como seres humanos, já que restringem sua dimensão afetiva e cuidadora, ao desvalorizar essas atividades e situá-las como algo exclusivo das mulheres, nas quais eles não têm espaço. Uma clara manifestação dessas limitações se observa no castigo social que sofrem os homens que se atrevem a romper tais mandamentos, quando seus comportamentos não são considerados "viris". Da mesma forma são os castigos que sofrem as mulheres que não aceitam o papel de submissão a elas designado.

Temos consciência de que o contexto social é fundamental para analisar em profundidade as divisões sexuais dos trabalhos e de sua avaliação social. Da mesma forma, outras dimensões de nossas identidades farão parte dessa configuração das desigualdades. Assim, a classe social, a origem geográfica, a orientação sexual, a diversidade funcional e a idade, interseccionadas com o gênero, são componentes fundamentais do status social. A partir dessas inter-relações poderemos situar as análises das realidades socioeconômicas nas quais vivem as mulheres e os homens em cada contexto social.

A maior parte das teorias econômicas que se consolidaram ao longo do século 19, porém, consideram as mulheres esposas e mães dependentes economicamente de seus maridos. Supõe-se, portanto, que sejam especializadas nas atividades domésticas, as quais são consideradas extra-econômicas. Por isso, tais atividades não são analisadas e nem se dá valor às capacidades que se desenvolvem ao realizá-las. Em consequência, deduz-se que as mulheres são menos produtivas no mercado. E assume-se que o cuidado das pessoas é algo "natural" exclusivamente para as mulheres, que deve ser executado por elas sem receber a valorização que sua importância exigiria (Carrasco, 2014).

A partir dessa visão estreita da atividade econômica, foi-se construindo e definindo o agente econômico principal, denominado "homem econômico". Trata-se de um estereótipo da masculinidade descrito na figura de um homem autônomo, egoísta no mercado e altruísta no lar. Ele toma suas decisões de forma racional, ou seja, dando prioridade constante a seus interesses, sob a suposição de que suas necessidades afetivas e de cuidados estão completamente satisfeitas, mas fora da esfera econômica.

As críticas às teorias econômicas convencionais surgem praticamente no mesmo momento em que estas são postuladas. Atualmente, entretanto, há um consenso em situar na década de 1970 o início de um movimento crítico a essas teorias, que vê a necessidade de se constituir uma proposta feminista alternativa. Nesse contexto, as principais contribuições feministas para a economia reivindicam a necessidade de superar as falsas fronteiras impostas em nível teórico. E, sobretudo, a múltipla discriminação enfrentada pelas mulheres. Primeiro, na esfera socioeconômica, tanto na produtiva doméstica, a de cuidados, como na do trabalho mercantil. E, segundo, na esfera política (níveis de participação nos processos de tomada de decisões políticas que influenciam diretamente nossas condições de vida). Discriminações essas que precisam ser superadas para que as sociedades possam avançar para a promoção do bem-estar, tanto em nível individual como social.

Entre as contribuições feministas básicas que foram se consolidando nesse processo, e por destacarem algumas áreas fundamentais, mencionaremos as reflexões sobre o conceito de trabalho. O feminismo supera o estreito conceito de atividade e emprego, utilizado em economia de modo geral, e entende o trabalho como conjunto de atividades que contribuem para o bem-estar pessoal e coletivo. Isso inclui na base das atividades mercantis as tarefas básicas para a reprodução social que não passam pelo mercado e que foram realizadas principalmente na esfera das unidades familiares e comunitárias.

Nesse sentido, foi muito importante revelar as características internas e o papel da unidade doméstica, reconhecendo os processos de negociação, muitas vezes geradores de conflito, e de reprodução das relações sociais de poder entre mulheres e homens. Ao vincular esse contexto às dinâmicas dos tempos sociais e vitais, revela-se a necessidade de mudanças profundas na organização social do trabalho produtivo em toda a sua magnitude. Isso é primordial para que a sustentabilidade da vida e sua qualidade sejam o objetivo último da economia. Nesse aspecto, os vínculos com as propostas da economia solidária se tornam patentes.

Também é importante destacar as contribuições no âmbito da macroeconomia, que ampliam o conceito de riqueza gerada e a forma de calculá-la na contabilidade nacional. Isso porque tal contabilidade tem um caráter limitado e preconceituoso de quantificar a riqueza de uma sociedade. As mudanças conceituais implicaram uma nova proposição quanto à importância das estatísticas desagregadas por sexo. Isso abarca o diferente uso e emprego dos ativos e recursos, incluído o tempo, que ainda refletem disparidades importantes entre mulheres e homens. Em todas essas análises, um tema central tem sido a importância de explicitar os cuidados necessários para a sobrevivência e a reprodução da vida humana. Na última década, isso tem levado a analisar também as redes globais de cuidados.

É no cuidado que se encontra a base das relações socioeconômicas, entre as quais se destacam as atividades vinculadas aos valores de reciprocidade, colaboração e o apoio mútuo, tão frequentemente invisibilizados. É esse espaço de visualização, recuperação e reconhecimento das lógicas vitais que nos permite compreender as condições de vida das mulheres e homens. Condições estas inseridas nos processos sociais, com suas complexidades, hierarquias e possibilidades de mudança. É aí, portanto, que podemos situar o objetivo principal da economia feminista e a partir do qual podemos analisar seus vínculos com a economia solidária.

2. Pontos de encontro entre a economia feminista e a economia solidária

Tanto a economia feminista como a economia solidária foram sendo construídas em diversos contextos. Suas características, portanto, dependem muito dos lugares e da memória histórica desses territórios, da divisão sexual do trabalho existente neles e das relações de controle no acesso aos recursos e às decisões. Dependem também da definição e da vivência de suas experiências comunitárias, cooperativas, comunais e da própria construção de seus sistemas econômicos. No entanto, gostaríamos de ressaltar algumas características que acreditamos estarem amplamente consensuadas em cada uma dessas visões econômicas e nas compartilhadas por ambas.

Antes de tudo, é preciso ter em conta que o termo economia feminista é um conceito amplo e diverso, já que, assim como não existe um único feminismo, tampouco existe uma única visão da economia. Posto isso, a economia feminista parte do descontentamento com as teorias e realidades econômicas e sociais e a economia solidária, do descontentamento com as práticas econômicas. Como apontamos no item anterior, é amplamente aceito que o objetivo de análise da economia feminista é o conjunto de vínculos estabelecidos pelas pessoas para organizar suas relações sociais. Estas estão ligadas à satisfação de suas necessidades e à reprodução material da vida da espécie humana. A economia feminista enfatiza especialmente que as relações sociais são também relações afetivas, de apoio mútuo e de colaboração. Dessa forma, traz à luz a importância do reconhecimento dos ciclos vitais. E mostra também a necessidade de cuidados e atenções que nós, seres humanos, temos em relação a outras pessoas desde que nascemos até que morremos, para desenvolver uma vida saudável e de qualidade.

No caso da economia social e solidária, sua gênese procede das práticas vinculadas às grandes correntes ideológicas do século 19, especialmente a social-cristã, socialista e anarquista. Essas correntes pretendiam superar as relações de opressão geradas pelas estruturas capitalistas daquele momento. Assim, a economia social designava as novas formas organizativas criadas e autogeridas pela classe trabalhadora, em forma de cooperativas, associações e mutualidades. Atualmente, existe uma ampla proliferação de termos para referir-se a esse "amplo setor de empresas e organizações cuja atividade se desenvolve entre a economia pública e a economia capitalista tradicional, adotando uma grande variedade de figuras jurídicas e organizativas" (Guridi e P. de Mendiguren, 2014).

O conceito de economia solidária é mais recente, já que aparece na década de 1980.[5] Desde seu início, é elaborada como uma proposta alternativa para superar as grandes estruturas organizativas da economia atual. Dá ênfase especial à centralidade do trabalho a partir dos valores de solidariedade, cooperação e reciprocidade. Enxerga esses valores como "forças econômicas efetivamente existentes na realidade social e com possibilidades de criar novas formas de fazer economia socialmente eficazes e eficientes" (Razeto, 1984, em Guridi e P. de Mendiguren, 2014).

A partir dessa constatação, tanto a economia feminista como a economia solidária buscam colocar as pessoas e suas condições de vida no centro da análise. E buscam também visibilizar os valores colaborativos intrínsecos nas relações entre as pessoas na hora de levar a cabo os trabalhos socialmente necessários para a reprodução social. A economia feminista insere como base dos trabalhos remunerados aqueles trabalhos geralmente não remunerados e invisibilizados, relacionados à reprodução e ao cuidado da vida. Assim, a ruptura das fronteiras conceituais sobre o trabalho realizado pela economia feminista se cruza com a centralidade do trabalho nas propostas da economia solidária, que às vezes se identifica com a economia do trabalho (Coraggio, 2011).

5. Costuma-se mencionar a obra de Luis Razeto de 1984, "Economía de la Solidaridad y Mercado Democrático", apresentada em três volumes e publicada pelo Programa de Economía del Trabajo. Academia de Humanismo Cristiano, Santiago de Chile, como a obra pioneira da teorização sobre a economia solidária.

Ambos os enfoques defendem uma definição da economia vinculada à ética e à justiça social. Nela, os valores sobre os quais se constroem as relações econômicas enfatizam a importância da colaboração, da corresponsabilidade, da redistribuição dos trabalhos e dos recursos. Ambas tentam visualizar atividades e coletivos que geralmente são invisibilizados nas correntes principais da economia. No caso da economia feminista, a ênfase recai sobre as atividades realizadas principalmente pelas mulheres em favor da sustentabilidade da vida, ressaltando suas condições de vida, as múltiplas discriminações que sofrem e sua grande vulnerabilidade. No caso da economia solidária, o foco está nas necessidades de todas as pessoas que ficam excluídas pelas relações mercantis capitalistas e que são também muito vulneráveis diante dos vaivéns do sistema.

Em nosso contexto, a economia solidária incorpora "à gestão da atividade econômica os valores universais que devem reger a sociedade e as relações entre toda a população: equidade, justiça, fraternidade econômica, solidariedade social e democracia direta" (REAS Euskadi, 2011). Com o objetivo de esclarecer os valores e as lógicas subjacentes às práticas da economia solidária, a Rede de Economia Alternativa e Solidária de Euskadi (REAS Euskadi) elaborou uma lista de princípios que constituem a base das iniciativas que a integram. Esses princípios são: equidade, trabalho, sustentabilidade ambiental, cooperação "sem fins lucrativos" e o compromisso com o ambiente.

Ao analisar esses valores, podemos observar os estreitos vínculos com os defendidos pela economia feminista. O trabalho conjunto que estamos desenvolvendo com companheiras, tanto acadêmicas como trabalhadoras de entidades agrupadas na REAS

Euskadi, porém, nos permite incluir comentários ligados às práticas das organizações.[6]

Sobre a equidade

A equidade (do latim *aequitas*, cujo significado principal é "plano", "equilibrado") constitui um elemento fundador básico da economia solidária. É definido como "um valor que reconhece todas as pessoas como sujeitos de igual dignidade, e protege seu direito de não estarem submetidas a relações baseadas na dominação, seja qual for sua condição social, de gênero, idade, etnia, origem, capacidade etc." (REAS Euskadi, 2011). Considera também que a equidade vai além da igualdade, uma vez que vincula esta ao reconhecimento e ao respeito à diferença. A economia solidária busca estabelecer relações socioeconômicas equitativas e democráticas que priorizem a satisfação das necessidades humanas por meio de relações horizontais.

A economia feminista, por sua vez, reúne um conjunto de proposições amplas e diversas que buscam a equidade nas relações sociais – em um sentido amplo – entre mulheres e homens. Busca a superação das discriminações seculares que as mulheres precisaram enfrentar. Isso implica superar as opressivas relações capitalistas heteropatriarcais existentes na atualidade na maior parte do mundo.

A sintonia teórica entre ambas as correntes é mais do que evidente. Bem, consideramos que as relações desiguais de gênero constituem uma variável estrutural de primeira ordem, que afeta todos

6. Em 2014 foi criado um grupo de trabalho estável denominado ekoSolFem com o objetivo de estimular a incorporação da perspectiva feminista à teoria e à prática da economia solidária. Como síntese de algumas de suas reflexões e propostas, achamos muito inspirador o manifesto divulgado em função do 8 de março de 2017, "¿Cómo construimos entre todas vidas más habitables?", disponível em http://www.economiasolidaria.org/como_construi-mos_entre_todas_vidas_mas_habitables

os processos sociais e organiza o conjunto do sistema socioeconômico. Isso condiciona dinâmicas em todos os níveis, tanto micro quanto meso e macro. É evidente, porém, que a diversidade entre as mulheres é enorme. Ela se expressa na vivência de diferentes desigualdades: etnicidade, classe social, orientação sexual, diversidade funcional, idade etc. Como resultado das experiências e reflexões de mulheres diversas, surgiu o conceito de interseccionalidade. Trata-se de uma ferramenta analítica para a justiça de gênero e a justiça econômica. Essa ferramenta "serve para estudar, entender e responder às maneiras em que o gênero se cruza com outras identidades, e como esses cruzamentos contribuem para experiências únicas de opressão e privilégio" (AWID, 2004).

Por isso, a economia solidária deveria integrar de maneira mais explícita a luta pela equidade de gênero. Não fazê-lo é ocultar uma realidade desigual que prejudica praticamente a metade da população mundial. Por isso, deveria enfatizar também a divisão sexual do trabalho e não simplesmente integrá-la à divisão social do trabalho. Mas, para enfrentar essas desigualdades, é necessário enfrentar o poder patriarcal, e não está claro que esse seja um objetivo da economia solidária, porque isso sequer é mencionado. É evidente que os princípios da economia solidária são destinados a romper com o poder hierárquico capitalista, mas não a ponto de querer acabar também com o poder patriarcal (Carrasco, 2016).

Também é discutível que dentro das organizações da economia solidária se trabalhe sempre em favor de uma verdadeira equidade de gênero. Isso exigiria uma revisão da masculinidade hegemônica, baseada em privilégios aos quais alguns homens deveriam renunciar. Não parece que essa revisão esteja sendo implantada, pelo menos não de forma generalizada.

De qualquer forma, diante da despreocupação neoliberal quanto às desigualdades, pensamos que a ideia de justiça na distribuição de possibilidades de uma vida boa está amplamente contemplada. Isso tanto pela economia feminista como pela economia solidária. Essa ideia, Rawls expressou no famoso símbolo do véu da ignorância[7] (Rawls, 2002), e Nancy Fraser (1996) colocou no centro do debate em seu ensaio sobre o reconhecimento e a redistribuição como elementos-chave da transformação. Por isso, consideramos que seria fácil aliar-se para lutar contra a desigualdade na partilha da renda e da riqueza, por uma tributação realmente progressiva, por serviços públicos amplos etc.

A importância do trabalho

Outro dos elementos cruciais da economia solidária é o estímulo a um sistema de relações econômicas que tem o trabalho em seu centro. Faz parte de seus princípios colocar o trabalho como elemento-chave da qualidade de vida das pessoas, da comunidade e das relações econômicas entre a população, os povos (ou cidades) e os estados. Um trabalho que permita o desenvolvimento das capacidades das pessoas, e que seja capaz de satisfazer as verdadeiras necessidades da população.

A análise do trabalho tem sido também um elemento-chave da reflexão desenvolvida pela economia feminista desde seu início. Esta se concentrou em superar a equiparação entre trabalho e emprego. E valorizar todos aqueles trabalhos realizados tanto no seio da família

7. Com essa metáfora faz referência ao fato de que, ao decidir quais princípios de justiça devem imperar, as pessoas desconhecem sua loteria natural e social na hora de escolher e, por isso, como egoístas racionais, se colocam no lugar do pior situado. Então, nos damos conta de que quem toma as decisões não deve ter se colocado na pele das mulheres, porque se o fizesse as desigualdades não teriam se perpetuado.

como na comunidade. Trabalhos que contribuem para o bem-estar e a sustentabilidade da vida, mas que foram invisibilizados pela teoria econômica. Dessa forma, a economia feminista fez questão de ressaltar as desigualdades existentes no mercado de trabalho: segregação vertical e horizontal, nas modalidades contratuais e em setores de atividade, na discriminação salarial, entre outras.

Ampliar as fronteiras do conceito de trabalho também rompe essa visão dicotômica entre trabalho remunerado e não remunerado. E propõe a imprescindível tarefa de corresponsabilizar os homens e as instituições pelas tarefas domésticas e de cuidados. Para avançar na corresponsabilidade, a economia feminista sugere mudanças nos horários de trabalho e comerciais, na duração da jornada de trabalho remunerada. E discute como compatibilizar tudo isso com os ciclos de vida das mulheres e dos homens, em suma, com a organização social dos usos dos tempos, dos espaços e dos trabalhos. Parece que essas mudanças não serão possíveis até que não passemos a uma economia pós-capitalista e pós-patriarcal.

É verdade que no discurso teórico da economia solidária relativo ao trabalho foram sendo incorporados colaborações e conceitos da economia feminista.[8] Nesse sentido a economia solidária foi muito mais permeável do que outras correntes econômicas. Em relação aos trabalhos não remunerados, foram as autoras feministas que estudam a economia solidária as primeiras a incorporar essas análises. Mas, em geral, os cuidados continuam sem receber a importância que merecem. Por isso, falta uma visão integral de todos os trabalhos necessários para dar suporte a nossas vidas. Falta também o

8. Unidades domésticas como unidades de produção, a reflexão sobre a contabilização dos trabalhos domésticos etc. (Coraggio, 2016).

estudo das inter-relações entre trabalhos produtivos e reprodutivos, e tampouco foi incorporada a análise dos tempos feita pela economia feminista. É fundamental, portanto, que, ao se debater as condições de trabalho das pessoas na economia solidária, se considerem os tempos vinculados às necessidades vitais do indivíduo e de seu entorno mais próximo. Por afetos e por necessidade de apoio mútuo, essas tarefas precisam fazer parte do planejamento dos tempos.

As práticas solidárias devem fazer frente a outro grande obstáculo: muitas vezes as lógicas do mercado colidem com as lógicas de apoio mútuo e de cuidados que começam a ser valorizadas em algumas dessas experiências. Diante das pressões, nos perguntamos se as experiências da economia solidária são realmente capazes de superar essas colisões. Um dos grandes desafios da economia solidária em relação ao emprego é que as condições de trabalho devem se adequar ao perfil de pessoas cuidadoras. Isso exige mudanças significativas na organização laboral: jornadas mais curtas, flexibilidade de horários ao longo do ano, facilidade para ausentar-se do local de trabalho.

A economia solidária deveria ser pioneira e se tornar referência nessa área, mas está sendo realmente? Sabemos que existem práticas que estão avançando nessa direção, mas detectamos uma forte necessidade de socializar tais iniciativas para que possam se expandir. Não obstante, temos consciência de que é algo realmente complicado e mais ainda em um entorno hostil, dominado por empresas que funcionam na lógica produtivista. Além disso, se tal adequação não se estende ao conjunto da economia, há o risco de que, nas famílias cujos membros provedores não trabalhem na economia solidária, todos os trabalhos domésticos e de cuidados recaiam sobre quem trabalha no setor solidário.

Apesar das dificuldades, é preciso que as entidades da economia solidária impulsionem a transformação nos usos do tempo, crucial para a qualidade de vida das mulheres e homens. Evidentemente, não é possível oferecer fórmulas únicas, mas são necessárias estruturas horizontais, nas quais a confiança e a tomada de decisões sejam transparentes e negociadas. E nas quais se dê importância às atividades habitualmente não remuneradas, como as de cuidados. Isso pressupõe superar muitos esquemas preconcebidos sobre o que é produtivo, o que é necessário e o que contribui para a eficiência. Todas as nossas decisões estão vinculadas, mas a economia convencional se empenhou em isolar os tempos mercantis de nossos tempos vitais (os tempos biológicos e os tempos sociais). Isso dificulta a compreensão de nossos ciclos vitais e de como adotamos as decisões relativas à descendência e ao cuidado.

No âmbito dos cuidados, deve-se refletir seriamente sobre o papel das entidades da economia solidária em sua atuação fora do espaço doméstico: sua relação com a administração pública e seus efeitos na oferta de serviços públicos de cuidados. Obviamente, frente às empresas capitalistas regidas pelo lucro que se costuma conseguir a partir da redução de custos (fundamentalmente custos de mão de obra), os princípios pelos quais as entidades da economia solidária se regem podem ser uma garantia tanto para a qualidade dos serviços prestados como para a qualidade dos empregos.

Muitas das análises já feitas da economia solidária sob um enfoque de gênero se concentraram no papel das mulheres como impulsionadoras, produtoras e/ou destinatárias das iniciativas. É um setor no qual as mulheres estão excessivamente representadas, tanto no Norte como no Sul (Hillenkamp, Guérin e Verschuur, 2015). Em geral, costuma-se ressaltar os aspectos positivos de tal participação, mas corre-se o risco de identificar essas experiências solidárias como femininas, reproduzindo visões dicotômicas das atividades econômicas.

Uma questão a estudar é se na economia solidária se perpetuam as desigualdades econômicas clássicas, porque persiste a segregação ocupacional. Nos serviços de atenção às pessoas, por exemplo, as mulheres são maioria clara; o teto de vidro continua existindo. Parece também que, assim como acontece com as empresas capitalistas tradicionais, as experiências promovidas pelas mulheres costumam ser de menor monta do que as dos homens etc. (Nobre, 2015). Devido à importância dada ao trabalho, a economia solidária deveria promover a criação de emprego estável, com boas condições e remuneração digna. Isso estimularia o desenvolvimento pessoal e a corresponsabilidade na tomada de decisões e na divisão do trabalho.

Em contrapartida, restam tarefas para ambas as correntes. Nas palavras de Ivonne Farah (2016), a economia solidária não refletiu nem resolveu a assimetria ou a falta de reciprocidade nas relações entre associados e associadas. Por sua vez, a economia feminista não analisou suficientemente as relações entre homens e mulheres em empreendimentos associativos e/ou solidários. É um desafio que persiste, em cujo processo ambas as economias podem encontrar pontes de mútuo enriquecimento para avançar na superação da ordem patriarcal.

A cooperação necessária

Sem a cooperação não seria possível a vida humana sobre o planeta. Nas primeiras etapas de nossa vida, necessitamos de muitos cuidados e atenção para sobreviver e realizar todas as atividades necessárias para crescer e desenvolver nosso corpo, nossa mente e nossas emoções de forma saudável. O afeto de pessoas próximas é fundamental para crescermos como pessoas sadias mentalmente e para aprendermos a nos socializar e a atender às obrigações que a vida adulta nos apresenta. E também para tomarmos as decisões que respondam a nossos projetos vitais.

Assim como as atividades sociais, as atividades econômicas também exigem redes e estruturas de colaboração entre pessoas. Entre tais atividades devemos incorporar todas aquelas de corresponsabilidade com as pessoas que têm mais necessidades (infância, pessoas com diversidade funcional, pessoas idosas, doentes...), da mesma forma que entre as pessoas adultas.

Não podemos esquecer que somos pessoas que necessitamos de apoio mútuo. A economia solidária estabelece as bases da consciência para construir essas redes e estruturas. Elas exigem tempo, cumplicidade e muito trabalho em comum para que se possa ir tecendo novas formas de fazer e de trabalhar em conjunto. A economia feminista contribui nesse processo ao ressaltar a importância de que essas redes de colaboração não reproduzam as relações androcêntricas, nem papéis sexistas. Atua para que sejam rompidos estereótipos e determinantes de gênero que limitam nossas possibilidades, tolhem nossa criatividade e criam relações de dominação que geram hierarquias e abusos.

No entanto, a economia convencional determina que o individualismo, o egoísmo e a concorrência de todos contra todos é a regra para que o sistema funcione. A solidariedade entre atores é considerada uma deseconomia negativa. O egoísmo puro e simples, contudo, é questionado por outras disciplinas como a filosofia.

O filósofo estadunidense John Rawls atribui ao ser humano duas características: diz que é racional e que pode ser razoável.

É racional porque é egoísta. O problema de uma sociedade de indivíduos meramente racionais é que a convivência torna-se inviável. Além disso, tal comunidade não consegue ser justa, pois não existe um interesse comum benéfico para todos e, em especial, para os menos privilegiados. Uma sociedade que pretende progredir em termos de equidade tem de confiar que as pessoas estejam dispostas a cooperar em torno de ideais comuns. Assim, o cidadão razoável é condição de uma sociedade democrática e justa (Camps, 2013). Na mesma linha, Adela Cortina opina que o *homo economicus* deu lugar ao *homo reciprocans*.[9] Este ainda representa mais interesse do que altruísmo, porque espera receber uma contrapartida, que lhe devolvam o recebido ou que tenham predisposição a cooperar (Cortina, 2013).

O princípio de reciprocidade da economia solidária pode, em determinados âmbitos, ser associado a uma economia adequada para as mulheres. É uma qualidade que tradicionalmente se vinculou a elas (diante do egoísmo, do individualismo e da competitividade masculinas). Isso pode, na prática, ser um obstáculo para a expansão dessas atividades. A importância e a força dos estereótipos de gênero não é uma questão frívola. Esses estereótipos estão fora do controle das pessoas, as afetam e costumam determinar os termos de sua interação com os demais membros da sociedade, o que contribui para perpetuar as desigualdades. Por isso, consideramos importante lutar contra esses estereótipos binários, romper com eles, e estimular a economia solidária em todos os coletivos sociais.

9. A autora afirma que os estudos neuroendocrinológicos e de biologia matemática e evolutiva mostram que é comum a todos os seres humanos uma estrutura que nos prepara para trocar e cooperar.

Para além do lucro econômico

A economia solidária tem outra característica que tenta fazer frente às lógicas de acumulação que passam por cima dos direitos das pessoas e da natureza. Ela defende que as iniciativas solidárias têm como finalidade principal a promoção humana e social, e por isso são de caráter essencialmente não lucrativo. Esse princípio rompe com a lógica capitalista de maximização de benefícios. É, talvez, o mais chocante em um mundo em que as empresas privadas competem por lucros, que são distribuídos entre seus acionistas.

Que as iniciativas solidárias sejam de caráter essencialmente não lucrativo não quer dizer que não devam produzir excedentes em algumas de suas atividades. Não obstante, esses rendimentos reverterão para a sociedade mediante o apoio a projetos sociais, a novas iniciativas solidárias, a programas de cooperação internacional, entre outros. São também os excedentes que lhes permitem continuar oferecendo a seus membros e à comunidade seus produtos e serviços. Ou seja, não ter fins lucrativos, mas criar excedentes, é outro dos elementos para criar redes e relações de solidariedade com a comunidade.

Tanto a economia solidária como a economia feminista reivindicam que nas atividades econômicas estão presentes outras motivações, centralidades e propósitos que vão além do lucro e do interesse próprio como princípio único da conduta individual. A economia solidária goza, além disso, "da clarividência para não confundir a criação de riqueza com o objetivo do enriquecimento privado" (Álvarez, 2010).

Compromisso com o entorno social e natural

As iniciativas solidárias devem estar comprometidas com o entorno social no qual se desenvolvem. Isso exige a cooperação com outras organizações, assim como a participação em redes, para que experiências solidárias concretas possam gerar um modelo socioeconômico alternativo. Esse elemento é chave, já que vincula o micro com o meso e o macro, e vincula o local com o global.

Aqui também a economia feminista insiste em dar importância aos vínculos entre os três níveis. Não se pode esquecer a necessidade de que, na tomada de decisões que reforçam esses vínculos de cooperação, levem-se em conta as vozes das mulheres, seja facilitada sua participação e se valorizem os cuidados. Estes devem ser vistos como tarefas a compartilhar, que precisam ser incluídas nos processos de criação de redes. As economistas feministas ressaltam a pertinência de que as análises e as propostas de mudança se adequem às realidades concretas, realidades que podem ser tão diversas como são diversas as mulheres.

O princípio da sustentabilidade ambiental da economia solidária, por sua vez, reforça a relação entre toda atividade produtiva e econômica com a natureza. Isso impõe a necessidade de uma boa relação com ela, já que é fonte de vida e de saúde. A economia solidária considera imprescindível a avaliação permanente da pegada ecológica, ou seja, o impacto ambiental de nossas atividades. Por isso, defende uma economia que respeite a natureza.

A economia feminista também prega a necessidade de que a sustentabilidade da vida não só se concentre no ser humano, mas no planeta. Isso principalmente a partir do surgimento do ecofeminismo na década de 1970 e, posteriormente, na análise de seus vínculos com a economia ecológica. A economia feminista destaca o papel desempenhado pela exploração da natureza e a exploração das mulheres no sistema capitalista atual.

Essas propostas pretendem basicamente fazer frente à visão que foi se disseminando com a expansão do capitalismo e criou o mito de que o ser humano podia controlar totalmente a natureza. Por isso ela passou a ser considerada um fator de produção a mais (a terra e seus componentes passaram a ser recursos naturais exploráveis) e, portanto, privatizável, comercializável e a serviço dos interesses do capital (Polanyi, 2003). Muitos dos analistas do sistema capitalista ignoraram a sustentabilidade do sistema em longo prazo. Eles não levaram em conta em seus cálculos os limites do planeta nem as consequências das práticas capitalistas de exploração para a maioria social. E isso apesar dos múltiplos relatórios científicos produzidos nas últimas décadas demonstrando o contrário. E também a despeito do trabalho realizado pela economia ecológica e ecofeminista na denúncia dos excessos cometidos.

Nesse sentido, as denominadas utopias feministas que surgiram na década de 1970 também eram fortemente ecológicas. Seus objetivos davam ênfase à "descentralização, a estruturas não hierárquicas, à democracia direta, à economia de subsistência rural, às tecnologias suaves e à liberdade da dominação patriarcal". Nessas propostas de futuro, "as estruturas políticas democráticas diretas não hierárquicas não poderiam funcionar jamais sem estruturas econômicas análogas (descentralizadas, comunais) e vice-versa". Essas propostas "acabam com o dualismo entre a cidade e o campo, entre o trabalho manual e o intelectual, entre o público e o privado, entre a produção e a reprodução" nas palavras de Barbara Holland-Cunz (Kuletz, 1992). Tais ideias obviamente estão muito vinculadas ao ecofeminismo que surgiu na mesma época. E também a uma economia solidária que estimula as relações horizontais, democráticas e que valoriza o trabalho pelo que se produz (seu valor de uso) e não só pelo lucro que gera.

Reflexões finais

O padrão de mercado capitalista situa o mercantil no centro gestor de todas as atividades econômicas e exclui como não econômicas o conjunto de atividades relacionadas à sustentabilidade da vida que não passam pelo mercado. Justifica-se que, ao não ter um componente mercantil, essas atividades são dificilmente quantificáveis e facilmente excluíveis (Waring, 1988; Pujol, 1992). Ignoram-se, assim, as necessidades de todas as pessoas que habitam o planeta sem recursos monetários suficientes para participar do mercado capitalista. Diante disso, a economia feminista e a economia solidária propõem uma visão alternativa de sistema econômico, de seus princípios e de seus objetivos.

Tanto a economia feminista como a economia solidária reivindicam colocar as pessoas, as relações humanas no centro. E a satisfação das necessidades básicas e não a dos desejos, permanentemente construídos pela sociedade de consumo de massa. Esta tem como objetivo o lucro e não o acesso equilibrado à satisfação das necessidades fundamentais dos homens e mulheres de uma coletividade. Em suma, a economia solidária e a economia feminista compartilham a defesa de relações econômicas baseadas na ecodependência, na interdependência, na reciprocidade, no impulso da democracia e da transparência, sempre tendo a equidade entre as pessoas como principal eixo de sua atuação.

Entre os aprendizados que a economia feminista pode trazer da economia solidária está a reflexão sobre os valores que as empresas deveriam incorporar para contribuir com a qualidade de vida de mulheres e homens, e com o bem-estar coletivo. A economia feminista concentrou a maioria de suas análises no papel dos lares e do setor público no fornecimento de trabalhos para o bem-estar e estudou também as inter-relações entre essas duas grandes instituições. No entanto, uma de suas questões em aberto é a reflexão sobre a contribuição que as empresas devem dar e os valores que devem reger suas atuações. Nesse aspecto, consideramos que os princípios da economia solidária podem ser uma fonte de inspiração para essa reflexão que falta à economia feminista.

Há uma infinidade de iniciativas que têm objetivos solidários, ainda que não se encontrem suficientemente articuladas nem visualizadas como merecem. Agora cabe articular a visão feminista e a solidária para tornar realidade uma nova forma de forjar as atividades humanas em sociedade. Atividades que priorizem o bem-estar coletivo baseado em todos os valores que nos enriquecem no sentido humano e que nos tornam conscientes dos limites necessários da acumulação de riqueza material. E conscientes também da necessidade de mudar nossos padrões de reprodução, produção, distribuição e consumo em nível local e global. As reflexões dos vínculos entre a economia feminista e a economia solidária vão nesse sentido. Consideramos fundamental estimulá-las e visibilizá-las para poder avançar na construção de um mundo mais justo.

Os princípios da economia solidária têm uma afinidade forte com os objetivos e propostas da economia feminista, mas nem sempre são expressos de forma clara. Essa falta de enfoque ou perspectiva de gênero explícita nos princípios da economia solidária não é algo excepcional, mas se repete na maioria das teorias consideradas alternativas. Desenvolvimentos teóricos como o *Enfoque das Capacidades* e outros mais práticos como as propostas do *Buen*

Vivir compartilham boa parte dos objetivos da economia feminista. Porém, não o fazem de maneira contundente, exceto em referências pontuais e de caráter geral. Tal esquecimento não pode ser casual e é possível que em sua base subjaza a ideia de que a luta pela equidade de gênero é uma questão menor. Observamos, portanto, que a economia solidária e a economia feminista compartilham os mesmos princípios no papel. Agora o desafio está na aplicação prática desses princípios nas iniciativas solidárias reais.

Nesse sentido, acreditamos que restam muitos campos a explorar e aprofundar para se moldar uma economia solidária feminista. Além de continuar aprofundando no âmbito teórico, pode ser aberto um debate sobre questões de caráter mais prático, alguns gerais e outros mais concretos.

Em primeiro lugar, pode realmente a economia solidária ajudar a forjar "outro tipo de economia"? A economia solidária pode contribuir (e, se pode, como?) para tornar realidade o projeto feminista de sociedade não sexista e solidária? A economia solidária considera uma prioridade superar os modelos de masculinidade hegemônicos que ainda sobrevivem em nossa sociedade? A economia solidária pode promover uma parcela mais equitativa da riqueza mediante o acesso das mulheres empobrecidas aos recursos socioeconômicos? A economia solidária pode estimular processos autogeridos, que ao mesmo tempo gerem empregos de qualidade para as mulheres? A economia solidária pode garantir o acesso das mulheres a bens e serviços adequados a suas necessidades? (Corbeil et al., 2002). Se a resposta a essas questões for afirmativa, ou seja, se a economia solidária se ocupar das necessidades práticas das mulheres, mas sem perder jamais de vista seus interesses estratégicos, podemos concluir não só que os ideários da economia solidária e da economia feminista têm muitos pontos em comum, mas também que suas práticas vão na direção correta.

Em suma, os vínculos entre a economia solidária e a economia feminista parecem evidentes na teoria, e agora o desafio é que se materializem na prática. Para isso, o trabalho tanto das organizações da economia solidária como das administrações públicas será chave. De sua confluência poderá ocorrer um maior estímulo a essas iniciativas e a teorizar sobre elas e incorporá-las em nosso sistema educativo e empresarial. Isso terá uma influência em nossos lares e em nossa estrutura social e normativa. Confiamos que essas reflexões em torno das alianças entre a economia feminista e a economia solidária contribuam para a transformação integral de nossas relações sociais e econômicas. Relações que sejam baseadas na equidade, colaboração e solidariedade entre as principais instituições econômicas e sociais.

Referências

Álvarez, Santiago (2010). "Potencialidades y desafíos de la economía solidaria". *Papeles de relaciones ecosociales y cambio global,* nº 110.

AWID (2004). "Interseccionalidad: Una herramienta para la justicia de género y la justicia económica". *Derechos de las mujeres y cambio económico. Género & derechos,* nº 9.

Camps, Victoria (2013). "Seamos razonables". *El País,* 5 de noviembre de 2013.

Carrasco, Cristina (2014) (ed.). *Con voz propia. La economía feminista como apuesta teórica y política.* Viento Sur.

Carrasco, Cristina (2016). "Sostenibilidad de la vida y ceguera patriarcal. Una reflexión necesaria". *Atlánticas,* nº 1.

Coraggio, José Luis (1999). "De la economía de los sectores populares a la economía del trabajo". Apresentação no Seminário "Economia dos setores populares. Entre a realidade e a utopia", CAPINA, CEADE, CERIS, CESE, e Universidade Católica de Salvador (UCSAL), Salvador, Bahia, 8-9 de novembro.

Coraggio, José Luis (2011). *Economía social y solidaria. El trabajo antes que el capital.* Ed. Abya-Yala.

Coraggio, José Luis (2016). "La economía social y solidaria (ESS): niveles y alcances de acción de sus actores. El papel de las universidades", em Puig, C. (coord.). *Economía Social y Solidaria: conceptos, prácticas y políticas públicas*. Hegoa.

Corbeil, Christine; Descarries, Francine & Elsa Galeran (dir.) (2002). "Actes du colloque L'économie sociale du point de vue des femmes". *Cahier du LAREPPS*, nº 2-3.

Cortina, Adela (2013). "Ética del discurso: ¿un marco filosófico para la neuroética?". *ISEGORÍA. Revista de Filosofía Moral y Política*, nº 48.

Farah, Ivonne (2016). "Economía feminista y economía solidaria: ¿alternativa al patriarcado?" em Puig, C. (coord.). *Economía Social y Solidaria: conceptos, prácticas y políticas públicas*. Hegoa.

Fraser, Nancy (1996). "Redistribución y reconocimiento: Hacia una visión integrada de justicia del género". *Revista internacional de Filosofía Política*, nº 8.

Guridi, Luis y Juan Carlos Pérez de Mendiguren (2014). *La dimensión económica del Desarrollo Humano Local: la economía social y solidaria*. Hegoa.

Hillenkamp, Isabelle; Guérin, Isabelle y Verschuur, Christine (2015). "The solidarity economy and feminist theories: possible paths to a necessary convergence". *Revista de Economía Solidaria, ACEESA.*

Jubeto, Yolanda y Mertxe Larrañaga (2014). "La economía será solidaria si es feminista. Aportaciones de la economía feminista a la economía solidaria". Em REAS Euskadi (ed.). *Sostenibilidad de la vida. Aportaciones desde la economía solidaria, feminista y ecológica.*

Kuletz, Valerie (1992). "Entrevista a Barbara Holland-Cunz". *Ecología Política*, nº 4.

Levesque Benoît; Joyal, André & Omer Chouinard (1989). *L'autre* économie: *une économie alternative?*. Québec: Presses Universitaires du Québec.

Nobre, Miriam (2015). "Economía solidaria y economía feminista: elementos para una agenda". *Papeles De Economía Solidaria,* nº 4.

Polanyi, Karl (2003). *La gran transformación.* México: Fondo de Cultura Económica.

Pujol, Michelle A. (1992). *Feminism and Anti-feminism in Early Economic Thought.* Edward Elgar Publishing Limited.

Rawls, John (2002). *La justicia como equidad.* Paidós.

REAS (2011). *Carta de Principios de la Economía Solidaria.* Red de Redes, mayo.

Waring, Marilyn (1988). *Counting for nothing. What men value and what women are worth.* Allen & Unwin, Port Nicholson Press. Traducido al castellano con el título *Si las mujeres contaran. Una nueva economía feminista* (1994). Vindicación feminista, publicaciones.

4

UM OLHAR FEMINISTA SOBRE A ECONOMIA URBANA E OS BENS COMUNS NA REINVENÇÃO DA CIDADE

NATALIA QUIROGA DÍAZ[1] E VERÓNICA GAGO[2]

1. Introdução

Partimos de uma pergunta: o que uma perspectiva feminista acrescenta ao campo da economia urbana, hoje caracterizada pela mercantilização e pela valorização financeira? Nossa hipótese é que o feminismo nos revela um modo de visibilizar e valorizar formas e lógicas concretas de reprodução e produção da vida. Por quê? Primeiro, porque a economia popular, e em específico sua dimensão doméstica protagonizada pelas mulheres, cria e valoriza circuitos de produção para tornar possível a vida nas cidades. Tais circuitos, portanto, representam uma forma

1. Coordenadora acadêmica da cadeira de Economia Social e pesquisadora do Instituto del Conurbano da Universidad Nacional de General Sarmiento, Argentina. Economista pela Universidad Nacional de Colombia. Especialista em desenvolvimento regional pela Universidad de los Andes. Mestre em Economia Social pela Universidad Nacional de General Sarmiento. Doutoranda em Antropologia Social pela Universidad Nacional de San Martín (Argentina).
2. Doutora em Ciências Sociais pela Universidad de Buenos Aires (UBA). Graduada em Ciências Políticas pela Universidad de Buenos Aires. Docente na Facultad de Ciencias Sociales (UBA). Bolsista de pós-doutorado do CONICET (Consejo Nacional de Investigaciones Científicas y Técnicas).

diferente de repensar a economia urbana. E segundo, porque o feminismo abrange circuitos tão amplos e complexos que ultrapassam a dimensão do considerado doméstico. Ele se institui por meio da mobilização social em alternativas para a organização de uma economia urbana definida por uma lógica reprodutiva que pode ir além do Estado e do mercado.

Para responder à pergunta que motivou este artigo, na primeira parte repassamos um conjunto de trabalhos de países centrais que contribuíram para refletir sobre a relação conflitiva entre a economia urbana e o feminismo. Em particular, apontamos o enfoque de *infraestruturas para a vida cotidiana*, que problematiza o cânone hegemônico de ordenamento dos espaços da cidade e suas economias. Esse cânone elimina as alternativas para construir uma cidade que integre o cuidado à vida cotidiana.

Posteriormente, problematizamos a leitura que os organismos multilaterais fazem da contribuição das mulheres de rendas mais baixas para a produção de riqueza e a prosperidade na economia urbana. Assim como a crescente demarcação do vínculo entre cidade e mulheres pela ótica da insegurança.

Na revisão da perspectiva latino-americana, as *estratégias de sobrevivência* mostraram a contribuição dos setores populares na construção da cidade. Apontaram também a potência política do reprodutivo nos processos de organização social da cidade, o que nos obriga a revisar a própria ideia de sobrevivência.

Finalmente, com um olhar sobre os processos de mudança nas cidades da região, propomos que as lutas dos setores populares afetam as principais cidades com uma *feminização* da política. Esta entendida como a politização das lutas reprodutivas no âmbito das tensões geradas pela crise de acumulação do sistema de produção capitalista na atual hegemonia financeira. Isso tudo num contexto de avanço das lógicas mercantis no campo da reprodução durante a década de maior auge neoliberal. Tal hegemonia, no entanto, está sendo contestada com a criação de bens comuns urbanos e o fortalecimento de processos coletivos para a socialização do reprodutivo.

Portanto, a feminização não se refere unicamente à maior participação de mulheres nas lutas políticas. Tem relação sobretudo com o modo pelo qual o que antes era considerado doméstico, privado e minoritário passa agora a ocupar o centro da cena pública, questionando assim a própria diferença entre público e privado. O questionamento do binarismo público versus privado abre terreno para a própria noção de *bens comuns urbanos*. Definimos esse conceito como a criação de espaços, tempos e infraestruturas nas cidades capazes de resolver necessidades e produzir bem-estar coletivo, sem a mediação necessária e exclusiva do mercado ou do Estado.

Nosso enfoque se concentra nas contribuições teóricas e nas experiências que vêm sendo feitas e vêm demonstrando o papel que o comum desempenha na América Latina. Não faremos comentários detalhados quanto às fenomenologias das lutas em cada país, mas destacaremos traços gerais que emergem de seu conjunto.

Interessa-nos, além disso, destacar os efeitos de duração que essa feminização da política deixou como modos de fazer e de resolver problemas comuns. E também como elementos de discussão sobre a própria noção de economia urbana, depois do ciclo de lutas recentes. Desse modo, construímos uma aproximação ao que chamamos de *a trama do comum no urbano*, vinculada à experiência latino-americana recente.

2. A cidade pensada a partir do feminismo

2.1. Alguns antecedentes

A relação entre cidade e feminismo conta, entre seus principais precursores, com o clássico *Morte e vida nas grandes cidades* (1961), de Jane Jacobs. A obra questiona os ideais do "desenvolvimento urbano" que planeja a cidade à custa das demandas das comunidades: a especialização dos espaços, a fragmentação dos bairros, o encurralamento das atividades de reprodução no doméstico, a subordinação das necessidades inerentes à vida cotidiana e de cuidado. Tudo isso faz parte da argumentação de Jacobs no sentido de mostrar como os ideais de modernização urbana têm como premissa a especialização das mulheres no doméstico e o confinamento da população considerada "não produtiva" em espaços privados. É clássico seu exemplo dos perigos que assolam os parques infantis construídos fora do circuito da vida do bairro. A isso, se contrapõe o jogo nas ruas e calçadas que, ao serem percorridas por vizinhos, integra o cuidado às atividades cotidianas.

A crítica aos projetos de modernização urbana associada ao fortalecimento das atividades consideradas produtivas denuncia a maneira como o reprodutivo acaba assim confinado, espacial e tematicamente, como um problema das mulheres. A obra foi pioneira na reflexão sobre as consequências da segregação espacial e a maneira como as políticas desmantelavam uma forma comunitária de habitar as ruas e os lugares públicos. Exatamente a forma que representava uma densidade nas relações e que diluía a separação entre público e privado e a distinção por gênero, próprias dos cânones de planejamento urbano.

Na Europa, esse trabalho contribuiu para fortalecer a reflexão sobre a cidade de um ponto de vista feminista e produziu um campo de estudos que analisa a vida cotidiana e suas economias no espaço urbano. Reforçou assim as necessidades particulares das mulheres e mostrou a maneira como o espaço e sua distribuição por atividades reflete e amplia a desigualdade nas relações sociais.

2.2. Políticas urbanas e infraestruturas para a vida cotidiana

O conceito de *infraestruturas para a vida cotidiana* é proposto por urbanistas escandinavas na década de 1970 e associa gênero, estudos e planejamento urbano. Atualmente, essa perspectiva tem produzido iniciativas de habitação, geração de renda, sustentabilidade e planejamento territorial, desenvolvidas com o apoio da União Europeia e de governos locais (Booth, 2003; Horelli, 2000).

> A ideia de infraestruturas para a vida cotidiana não é nova no urbanismo. A cidade jardim de Howard era uma cidade organizada cooperativamente, na qual as possíveis mais-valias geradas pelo processo imobiliário se convertiam na criação de um pequeno estado de bem-estar local, gerido pela própria população, não pelo Estado. [...] A corrente que dentro do urbanismo do início do século 20 propõe a necessidade de adequar as cidades e os espaços residenciais a uma organização do trabalho doméstico, que permitisse às mulheres não estarem atadas a essas tarefas, vai perdendo terreno no período do entreguerras, e desaparece definitivamente depois da Segunda Guerra Mundial. A construção do subúrbio norte-americano é fruto de um discurso não dissimulado que atribui explicitamente às mulheres um papel doméstico e as separa da esfera pública (Madariaga, 2004a).

A interação entre cidade e gênero leva a questionar a neutralidade das políticas urbanas. Os trabalhos que em seguida citamos dão conta da trajetória e da diversidade de contribuições que têm sido produzidas. Tais aportes têm em comum o questionamento da maneira pela qual o espaço urbano apresenta e reforça as relações sociais de desigualdade entre os gêneros. Também criticam as funções e especializações de espaços que não levam em conta que a vida social não pode ser segmentada porque é um processo que combina produção e reprodução (Beall, 1996; Booth, Darke e Yeandle, 1998; McDowell, 1999; Tobío e Denche, 1995).

Esses estudos mostram que o cotidiano da maior parte da população no mundo é cada vez mais desenvolvido nas cidades. As condições de raça, classe, origem, idade e gênero influem de maneira específica na maneira como as cidades são habitadas. Em particular, destacam-se as desigualdades que as mulheres vivenciam, derivadas de sua responsabilidade socialmente construída sobre o trabalho doméstico e o cuidar de outros. E, dado que essas atividades se desenvolvem em um âmbito espacial, o feminismo mostra que a pesquisa urbana não pode esquecer o lugar que o trabalho ocupa na reprodução da economia da cidade.

Os projetos de modernização situaram a economia de mercado no centro. O entorno urbano, portanto, é proposto como um cenário para a concorrência, habitado pelo *homo economicus*. Esse é o agente prototípico da economia neoclássica: produtor de valores de troca e caracterizado como autossuficiente, adulto, racional e egoísta. A cidade é produzida ativamente pelas políticas estatais como espaço para a concorrência entre indivíduos igualmente capazes de realizar atividades consideradas produtivas, sujeitos autossuficientes que não cuidam, nem necessitam de outros. Por isso, são subestimadas as necessidades de pessoas com deficiência, idosos e idosas, crianças, mulheres e homens que desempenham papéis de cuidado. Quando são levadas em conta, as intervenções e projetos de infraestrutura são limitados e corretivos, e não colocam em xeque as concepções hegemônicas na construção da cidade.

Por tudo isso, o conceito de infraestruturas para a vida cotidiana é útil para discutir uma economia urbana que problematiza a divisão sexual do trabalho. Divisão na qual o *reprodutivo* se restringe à esfera doméstica e é unilateralmente feminizado, enquanto o chamado *produtivo* está no centro das políticas urbanas. Essa compreensão, que foi hegemônica, ordena o espaço, produzindo investimentos na infraestrutura pública, modelando o equipamento urbano, gerando tipos e frequência de transporte e privilegiando as atividades que produzem riqueza monetária.

A importância atribuída aos valores de troca em relação aos valores de uso (essa distinção merece ainda hoje uma problematização maior) produz um espaço urbano hierarquizado em função do gênero. Por isso, é necessário discutir a organização do trabalho e a apropriação da riqueza produzida pelos trabalhos de cuidado, que não se beneficiam de investimentos para melhorar suas condições gerais. Estas, na verdade, se dirigem à produção de mercadorias.

> Por trás da maneira como os recursos públicos para infraestrutura e os equipamentos são alocados e da regulação dos mercados imobiliários está o pressuposto de que a gestão da vida cotidiana é uma responsabilidade individual e privada, não uma atitude econômica ou um problema político. Por isso, não requer uma infraestrutura pública que contribua para tornar mais eficiente a carga de trabalho que representa (Madariaga, 2004b).

Mais recentemente, as infraestruturas para a vida cotidiana contribuíram para a criação de cooperativas e projetos que abordam o habitat e a moradia, e que valorizam as condições de vida. Isso para além das lógicas especulativas do mercado imobiliário. Iniciativas que também promovem em seu desenho a comunitarização do trabalho reprodutivo e a redução dos tempos de traslado para o local de trabalho assalariado. Tais experiências foram desenvolvidas no Canadá, na Noruega e na Áustria (Boothy e Gilroy, 2000).

A ideia de cidade proposta por esse enfoque feminista reconhece o Estado como ator principal no planejamento da cidade e responsável pela sedimentação de desigualdades materiais e simbólicas no espaço urbano. Essa corrente mostrou como a ação estatal privilegia as atividades de mercado, aprofundando as iniquidades para quem não corresponde ao estereótipo do *homo economicus*.

O olhar para a vida cotidiana valoriza interações e percursos que privilegiam o reprodutivo e o cuidado acima da criação de mercadorias. Ao mesmo tempo, denuncia a forma como o trabalho das mulheres não é valorizado em sua contribuição para uma economia urbana, que se serve dele para sustentar a produtividade dos circuitos financeiros. E também questiona a forma como o Estado financia o mercado mediante gastos públicos em infraestrutura enquanto a vida das pessoas fica à margem. Essa perspectiva incidiu sobre as práticas de governos locais e projetos da União Europeia, buscando formas de planejamento integral, que envolvessem o ponto de vista das mulheres e que respondessem às necessidades de reprodução.

2.3. A perspectiva dos organismos multilaterais: o caso do Banco Mundial e da ONU-Habitat

A ONU-Habitat vem mostrando que durante as últimas décadas ocorre um contínuo processo de urbanização na América Latina, o que exige políticas e instituições capazes de incluir a população na dinâmica econômica. Destaca-se que um dos obstáculos principais para essa integração é a desigualdade que as mulheres vivenciam no mercado de trabalho. Nele, as lacunas de gênero se mantêm apesar da crescente feminização da população urbana, em particular a de baixa renda.

Em relatório, a ONU-Habitat aponta que uma das principais distinções entre as ocupações de homens e mulheres está no caráter "formal" ou "informal" de seu trabalho. A participação das mulheres em atividades remuneradas aumentou consideravelmente, mas isso não foi acompanhado de uma participação equitativa dos homens no trabalho doméstico não remunerado ou nos trabalhos de cuidado. Portanto, as mulheres continuam suportando o peso de um "imposto reprodutivo" que se associa a outros processos discriminatórios no lar e no mercado de trabalho para limitar as oportunidades delas na geração de renda. Uma das consequências desse processo é o menor valor que se dá ao trabalho das mulheres (Chant e McIlwaine, 2013).

Essas análises dão conta da desigualdade estrutural nas relações de gênero, perspectiva que foi incorporada pelas instituições multilaterais na formulação de políticas no âmbito urbano. Estas se concentram em dois eixos: o primeiro destaca a contribuição do trabalho feminino para as economias dos setores de baixa renda; o segundo propõe a insegurança como o principal problema das mulheres na cidade.

O Banco Mundial (2012) revela a contribuição principal das mulheres para a economia urbana nas regiões de baixa renda. Nessas áreas, os problemas de acesso e os custos de moradia, transporte, alimentação, saúde, saneamento e serviços afetam desproporcionalmente as mulheres. São elas que assumem o trabalho não remunerado e as atividades reprodutivas sociais, assim como a construção e a manutenção da moradia e a prestação de serviços básicos e de infraestrutura. Todas essas tarefas permitem que a economia urbana funcione e se fortaleça.

De maneira coincidente, o relatório da ONU-Habitat "Gênero e prosperidade das cidades 2012-2013" problematiza que o trabalho de reprodução não remunerado seja desenvolvido majoritariamente por mulheres. E aponta que, apesar da crescente participação das mulheres no mercado de trabalho, elas continuam enfrentando oportunidades desiguais e empregos de menor qualidade, apesar de sua inserção em áreas-chave da economia. Nessa linha, afirma que a melhoria nas condições urbanas para as mulheres leva ao crescimento econômico e a melhores resultados na qualidade de vida das famílias e comunidades.[3]

Em consequência, o relatório apresenta a relação entre crescimento, cidade e mulheres como elemento principal do desenvolvimento urbano sustentável. Destaca-se assim que as políticas que fortalecem a posse de ativos por parte das mulheres e o reconhecimento do seu trabalho produzem melhorias em suas oportunidades econômicas. E isso se vê refletido em uma maior prosperidade para as cidades (ONU-Habitat, 2013).

• • • • • •

3. "A Comissão Econômica e Social das Nações Unidas para Ásia e Pacífico (UNESCAP) estabeleceu em sua pesquisa de 2007 que a região estava perdendo de 40 a 42 bilhões de dólares por ano devido às restrições impostas às mulheres para o acesso ao emprego. E outros 16 a 30 bilhões de dólares anuais como resultado das diferenças de gênero na educação. Por outro lado, os especialistas do Banco Mundial descobriram que a incidência da pobreza tende a ser maior em países com maior desigualdade de gênero. O crescimento econômico e a igualdade de gênero também parecem estar positivamente correlacionados" (ONU-Habitat, 2010).

Portanto, os organismos multilaterais apontam a necessidade de reconhecer a produção de valor e bem-estar que o trabalho reprodutivo das mulheres de menores ingressos aporta para a economia urbana. Tal reconhecimento ajuda a desenvolver políticas que fortalecem seus ativos. Os organismos multilaterais concluem que, por essa via, pode-se diminuir as condições de desigualdade.[4] Esses alinhamentos, em combinação com políticas de segurança no espaço público para as mulheres, são propostos como chaves para alcançar a prosperidade das cidades (McIlwaine, 2008; Moser, 1996, 1998, 1999; Moser e Felton, 2010; ONU-Habitat, 2010, 2013).

> A riqueza da cidade deve ser vista de uma maneira integral ao adotar o conceito de prosperidade urbana, que inclui o reconhecimento da contribuição multidimensional das mulheres à economia urbana e que, paradoxalmente, se justapõe às privações multidimensionais que enfrentam... O acesso aos ativos, recursos e direitos deve ser compartilhado equitativamente entre a população urbana de qualquer condição com o objetivo de garantir a prosperidade. Assim, as cidades se transformarão em motores de crescimento e ao mesmo tempo obterão resultados em matéria de desenvolvimento mais equitativos para homens e mulheres (ONU-Habitat).

••••••

4. Denominam-se "ativos" os "recursos defensivos" ou "meios de resistência" que os indivíduos, lares ou comunidades podem mobilizar para fazer frente às privações que o contexto lhes impõe. "Quanto mais ativos são, menor é a vulnerabilidade e quanto maior é a erosão dos ativos, maior é a insegurança" (Moser, 1996). A autora acrescenta que a habilidade de evitar ou reduzir a vulnerabilidade depende não só dos ativos iniciais, mas também da capacidade de administrá-los (de transformá-los em renda, alimentos ou outro tipo de capacidade de satisfazer necessidades básicas). Esses estudos se baseiam empiricamente na análise das respostas dos lares e comunidades diante de crises econômicas; o olhar está na forma como mobilizam recursos próprios para defender suas condições de vida." (Quiroga, 2011).

Essas políticas atendem a uma mudança demográfica de aumento da população urbana. Tal mudança, no entanto, não foi acompanhada de uma integração ao mercado de trabalho que garantisse condições de vida adequadas, nem capacidade de consumo para todos os setores. Por isso, a contínua feminização, sobretudo dos setores de renda mais baixa, é vista como um recurso que deve ser reconhecido e aproveitado, a fim de garantir a competitividade e a produtividade que lhe são inerentes.

A ideia de cidade que surge das propostas das organizações multilaterais está centrada no conceito de prosperidade, no qual o lugar das mulheres é instrumental aos objetivos de crescimento e desenvolvimento. Esses relatórios pressupõem que o avanço econômico das cidades implica por si só no bem-estar, como uma espécie de "efeito colateral" natural do crescimento. As dinâmicas de mercado não são questionadas, ainda que se reconheça que sem o trabalho das mulheres a economia urbana não é sustentável.

2.4. A proposta de cidades seguras

As agências multilaterais destacam a relação entre gênero e urbanismo no âmbito da segurança, no qual o vínculo com o espaço público é marcado pelo maior temor à violência e à agressão física.[5] Esse aspecto é colocado como o obstáculo principal para o acesso

5. O assédio sexual e outras formas de violência sexual nos espaços públicos são questões diárias para as mulheres e meninas de todo o mundo e constituem uma violação dos direitos humanos das mulheres. As mulheres e meninas vivenciam vários tipos de violência sexual nos espaços públicos, como o assédio sexual, o estupro e/ou o feminicídio. Essa violência pode ocorrer na rua, no transporte público, nos parques, nos arredores das escolas, em locais de trabalho e em outros espaços públicos das áreas urbanas e rurais. Nações Unidas (2016) Programa de "Cidades e Espaços Públicos Seguros para Mulheres e Crianças": http://www.endvawnow.org/es/modules/view/12-ciudades-seguras.html#53.

ao mercado de trabalho por parte das mulheres e o seu livre deslocamento na cidade.

Entre as iniciativas propostas, está um conjunto de políticas: redes de transporte apropriadas para o uso de mulheres e crianças; redução de distâncias percorridas para o acesso a bens e serviços; melhoria na oferta de transporte público com vagões exclusivos para mulheres; e iluminação adequada para facilitar o deslocamento em regiões inseguras, entre outras iniciativas.

> O acesso das mulheres aos diferentes espaços da cidade, em particular nos âmbitos públicos, é geralmente mais limitado em relação aos homens. Isso não só devido ao tempo dedicado ao doméstico e às limitações ao acesso de recursos que impõe o trabalho reprodutivo. Também estão limitadas pelas fortes dimensões simbólicas que cercam o proibido e o permitido no uso dos espaços regidos por relações de poder patriarcais e por normas de decoro feminino. Essas dimensões simbólicas restringem a mobilidade feminina e podem colocar em grave perigo as perspectivas da mulher de concluir a escola, ingressar no mercado de trabalho e participar das redes sociais (Chant e McIlwaine, 2013).

O enfoque que engloba a ideia de Cidades Mais Seguras e de políticas de combate à violência contra as mulheres foi lançado pela ONU-Habitat em 1996 na África e justificado como resposta ao crescimento da criminalidade e da violência urbana. Esse alinhamento reconhece que a violência não é um processo unicausal. As iniquidades sociais e a insuficiência das políticas públicas do processo de urbanização são apontadas como as razões da deterioração do chamado capital social dos "mais vulneráveis". Isso acaba afetando as condições para a geração de riqueza das cidades.

Na América Latina, o programa é adotado com o nome de "Cidades sem violência contra as mulheres" desde 2004. Dele participam os municípios de Rosário, na Argentina, Santiago do Chile, Bogotá, Recife, e outros na Guatemala e em El Salvador. O programa afirma que a região é predominantemente urbana e que as mulheres foram protagonistas da construção do espaço e da gestão das necessidades coletivas. E, por isso, é necessário que sua participação se faça presente nos cenários institucionais que definem as políticas dos espaços públicos.

> A América Latina conta com 82% de população urbana, que vive em cidades marcadas por fortes desigualdades. Isso se materializa em segregação e fragmentação social e territorial, o que resulta em violências urbanas, geradoras de insegurança – o que é comum a todo coletivo social. No entanto, no programa "Cidades sem violência contra a as mulheres" nos interessa particularmente colocar foco nelas, no exercício de seus direitos, sem dúvida, diferentes dos direitos dos homens. E para isso espera-se o compromisso de governos e da sociedade civil, e se articulam ações entre ambos (UNIFEM, 2007).

As mulheres, nesse enfoque, sofrem a violência no lar, mas também no espaço público, o que afeta em maior medida quem habita os bairros mais pobres, devido à menor presença institucional. A insegurança, no enfoque dessas instituições, constitui um problema crucial para que as mulheres tenham acesso a recursos financeiros. Isso acentua suas condições de desigualdade e dificulta o trabalho reprodutivo.

Um elemento diferencial do desenvolvimento desse enfoque é o reconhecimento de que os processos de insegurança estão relacionados às políticas de ajuste que foram aplicadas na região. E às consequências que tais políticas tiveram no crescimento da pobreza e da desigualdade. Ao mesmo tempo, aplica-se o conceito de insegurança para além da criminalidade, vinculando-o às condições de vida urbanas.

No entanto, os diversos governos locais relacionados aos referidos programas se limitaram a desenvolver ações pontuais para minimizar o assédio no transporte público ou melhorar a iluminação. Também desenvolveram capacitações e materiais para sensibilizar funcionários públicos e para que organizações sociais e ONGs assumissem essa perspectiva e procurassem influir nas políticas com ações destinadas à melhoria dos bairros.[6]

Um resultado da abordagem do vínculo entre mulheres e cidade do ponto de vista da "segurança" é que contribui para a vitimização das mulheres. Por essa via, as torna objeto da tutela do Estado, da polícia e das instituições dispostas a decidir pelas mulheres onde viajar, por onde caminhar, como produzir riqueza, como divertir-se, onde protestar etc. Essa formulação do problema contrasta com uma perspectiva feminista, que problematiza a partir da vida cotidiana a organização da cidade. Isso vai além das dificuldades produzidas em locais específicos e onde a insegurança é o resultado da

6. "Entre as ações para promover o exercício do direito das mulheres a viver livres de violência está o fortalecimento do Programa Viajemos Seguras no Transporte Público, um esforço interinstitucional que, após seis anos de implantação, é único em seu conceito em todo o país. Foi criado para prevenir, atender e dar acesso à justiça por violência sexual cometida contra as mulheres que viajam no transporte público da Cidade do México. Além disso, continua com processos de especialização e capacitação de funcionárias e funcionários públicos do DF, para que seus afazeres cotidianos garantam o exercício dos direitos humanos das mulheres". Boletim do encerramento do seminário Cidades Seguras livres de Violência contra as Mulheres. Avanços na Cidade do México 1 a 3 de outubro de 2013. www.inmujeres.cdmx.gob.mx

especialização dos espaços, da redução da densidade das relações sociais, da separação entre o trabalho remunerado e o local de habitação, assim como da familiarização e da privatização da reprodução.

Concluímos que o binômio prosperidade e segurança dá força à capacidade de discutir a produção do espaço. E, com isso, politizar a organização das cidades em confronto com a riqueza em sua forma mercantil-espoliadora, que despreza a possibilidade de organizar os espaços e suas economias em função do cuidado.

3. Mulher e sobrevivência. A economia para além das margens

Em seguida retomamos enfoques que foram desenvolvidos na América Latina e que revelam a contribuição dos setores populares, e em particular das mulheres, para a economia urbana. Em contraste com a perspectiva europeia de *infraestruturas para a vida cotidiana,* descobrimos que a proposta latino-americana não passa pela incorporação de uma perspectiva feminista nos âmbitos de planejamento, desenvolvimento de projetos e formulação de políticas a serem adotadas pelo Estado e suas instituições. Tampouco se trata de uma resolução instrumental para melhorar as condições de vida dos mais pobres com vistas à inserção no mercado, como propõem os organismos multilaterais.

Um olhar de longo prazo mostra como os processos de organização da economia popular com um sentido reprodutivo constroem alternativas a partir de suas próprias necessidades. Tais processos pensam a cidade para além do Estado e do mercado, em oposição a um projeto de financeirização crescente que tem seu ápice na região na década de 1990.

A relação entre cidade e estudos da mulher aparece ligada ao termo *estratégias de sobrevivência* na década de 1970 e associa questões como pobreza, reprodução e lutas e demandas pelo habitat urbano:

> A conexão entre as mulheres e as estratégias de sobrevivência é substantiva; é dada por um pressuposto inicial dos estudos que foram feitos, nos quais essas estratégias são familiares, não pessoais. Sendo a família um terreno indisputável de análise das mulheres, a conexão entre a sobrevivência e o estudo de gênero fica consagrada (Anderson, 1991).

Aqui já vemos perfilar-se uma relação que se consolidará: a associação indiscutível entre sobrevivência, mulheres e pobreza. Na América Latina, essa relação foi ressaltada a partir do trabalho de diversas redes que exploraram e conceitualizaram os recursos que os setores populares em particular usaram para sua reprodução.

Alejandra Massolo aponta o surgimento da leitura crítica dos anos 1970 sobre essa mesma relação entre gênero e espaço urbano:

> Desde meados da década de 1970, a reflexão e o debate feministas na Inglaterra e nos Estados Unidos iniciaram o desenvolvimento de estudos sobre a relação entre mulher, urbanização capitalista e políticas urbanas de Estado. Abriram, assim, caminho para uma perspectiva crítica diferente (tanto das teorias como das práticas) e trabalhos empíricos focados na mulher dentro das estruturas espaciais urbanas. Surgiu, então, o primeiro e significativo estímulo de elaboração de instrumentos teórico-metodológicos que permitiram começar a introduzir a especificidade do gênero feminino nas distintas dimensões da dinâmica urbana, a arquitetura e o desenho da moradia, o planejamento e os movimentos urbanos (Massolo, 1991).

Destacamos a convergência com a perspectiva europeia anteriormente apresentada das *infraestruturas para a vida* na problematização do vínculo entre espaço e experiência cotidiana. Esse aspecto tem estado ausente ou desprezado tanto no campo teórico como nas políticas de Estado.

Constata-se a interação fluida entre o fora e o dentro da moradia: as continuidades e rupturas entre os modos de viver cotidianamente, as condições materiais de um lado e as relações sociais, políticas e a "ordem" urbana, de outro. Isso põe a descoberto os poderes e núcleos de opressão e desigualdade sobre as mulheres, que coexistem com a segregação e espoliação material na esfera da reprodução social. Segundo Massolo (1991), a ruptura do espaço social – experiência cotidiana das mulheres, que implica a relação homem-mulher, a família, o trabalho doméstico – é o que determina uma certa ordem urbana. Esta invisibiliza a reprodução como força produtiva e como dinâmica urbana material e imaterial.

Tal perspectiva deixa claro que os triplos papéis produtivo/reprodutivo e de gestão comunitária – também conhecidos como tripla jornada – são desconhecidos em sua contribuição para a economia urbana. Uma forma de desconhecimento que, por sua vez, situa a questão da reprodução na cidade como um problema estritamente dos pobres, pois só ali se permite visibilizar o protagonismo feminino. A perspectiva da pobreza cria uma cidade que põe em equivalência os pobres, as mulheres e as tarefas reprodutivas e comunitárias. Faz dessas atividades categorias de segunda ordem, e localiza o problema da reprodução de um ponto de vista classista.

No entanto, a densidade social do protagonismo feminino nos movimentos urbanos não permite limitar a análise a suas funções de responder às tarefas de cuidado, entendidas como chaves para o bem-estar da família. Existem formas variadas de agrupamento, organização, gestão e negociação que se estabelecem frente a autoridades e instituições estatais. Como indica Massolo (1991), a terceira jornada compreende um leque amplo e multifacetado de práticas e organizações. Estas constroem uma trama de relações solidárias e uma nova formulação da vida coletiva no espaço urbano.

Porém, nos interessa destacar que, ao confinar a economia doméstica, também se perde de vista que ela participa dos fluxos que tornam uma cidade viável e habitável. Uma cidade composta de racionalidades variadas e divergentes. É justamente essa capacidade de múltiplas combinações o que sintetiza boa parte de sua destreza e riqueza. Nossa pergunta agora pode ser feita da seguinte forma: como ultrapassar os espaços de confinamento? Aqui, nossa hipótese é que isso se dá a partir da construção de espaços do comum. Vamos nos referir a esses dois conceitos em seguida.

Sem dúvida, as cidades são expressão de uma diversidade de processos econômicos nos quais as mulheres desempenham papel central. No entanto, as economias crescentemente urbanas são avaliadas por sua adaptação à rentabilidade e à exploração financeira. Ao mesmo tempo, os circuitos nos quais se desenvolve a vida são confinados às margens, ou desprezados em sua capacidade de produzir valor para a cidade.

4. O comum: uma aposta feminista para a economia urbana

4.1. Os movimentos sociais na reinvenção da cidade

A década de 1990 e o aprofundamento dos processos de liberalização econômica pavimentaram dinâmicas de desigualdade social com sua consequente territorialização. A partir de então, a maior parte dos estudos urbanos abordou os problemas associados à segmentação dos territórios. Refletindo sobre a distância territorial entre as classes sociais, o debate se dá em relação à formação de guetos e à privatização dos espaços urbanos frente ao declínio do público (Harvey, 1992; Kazman, 2001; Prévôt-Shapira, 2001; Svampa 2005).

O novo século viu crescer uma onda de protestos populares, que têm entre seus ápices as crises da Bolívia (2000-2005) e da Argentina (2001), e também do Equador e da Venezuela. Importante registrar um antecedente fundamental com o surgimento do zapatismo no México (1994). Além dessas, destacam-se as mobilizações de estudantes secundaristas pela gratuidade da educação no Chile (2006), as mobilizações no Brasil diante do aumento do preço do transporte público (2013) e a greve camponesa na Colômbia (2014).

Nossa perspectiva é a de que esse novo ciclo de protestos marca um processo continuado de luta por uma economia urbana orientada pela vida. Uma ampla disputa com o avanço do mercado em relação aos âmbitos do comum. Um processo no qual os movimentos sociais lutam pela desprivatização e pela desfamiliarização da reprodução, para disputar outras lógicas de organização da cidade.

Nas periferias urbanas e em enclaves de lugares centrais, as organizações sociais e os movimentos sociais ampliam o espaço urbano disputando sua definição. Ao mesmo tempo, sua luta é também pelas condições de reprodução como requisito da própria condição urbana.

As mobilizações enfatizam os modos de organização, as relações de confrontação e cooptação pelo Estado, mas também o feminino como perspectiva de ampliação de espaço. Isso contrasta com as teorias nas quais o lugar das mulheres, e inclusive de muitos movimentos sociais, era eclipsado pela análise da luta pelas necessidades particulares de reprodução da força de trabalho.

Há mais de uma década assistimos a uma revitalização desse debate gerado pelo surgimento de movimentos sociais aglutinados diante de novas demandas, que os transformam em atores urbanos de grande impacto. As lutas pela cidade nessa nova fase dão continuidade a processos de longa duração, mas também renovam as reivindicações associadas à questão da terra, à regularização das ocupações, às condições ambientais e ao acesso aos bens de consumo coletivo.

Esse ciclo de revoltas/mobilizações na América Latina que destacamos aqui é o espaço-tempo do que chamamos de feminização da política. Dizemos que a reprodução está sendo politizada de uma maneira inovadora por duas razões. Primeiro, porque essas novas propostas carregam consigo todas as privatizações dos serviços básicos, que assumiram caráter estrutural durante os anos 1990. Segundo, porque essas lutas já não têm o Estado como interlocutor único e privilegiado, nem pedem a estatização dos serviços coletivos como única opção. Nesse sentido, interessa revelar como a experiência de autogestão, que tem como protagonista a assunção de dinâmicas reprodutivas e também imediatamente produtivas, habilita a construção do comum como horizonte.

A feminização da política em seu vínculo com a construção do comum amplia a economia urbana. E descentraliza a disputa por um espaço que garanta a oferta de condições para a reprodução da força de trabalho. Dessa forma, permite a ressignificação de lugares que começam a assumir novos sentidos em uma economia que, além disso, propõe uma luta simbólica.[7] Com isso, desestabiliza as crenças sobre o que é a economia e qual sua relação com a cidade, ao mesmo tempo em que dissipa as diferenças entre produção e reprodução.

Na Argentina, a crise de 2001 e os questionamentos ao trabalho assalariado, vindos dos setores mais radicalizados do movimento de desempregados (Colectivo Situaciones-MTD de Solano, 2002; Zibechi, 2003; Ferrara, 2003; Svampa-Pereyra, 2003), deram visibilidade às tarefas reprodutivas como diretamente produtoras de valor social. Esse acabou se tornando um momento político-chave da organização popular.

4.2. Os comuns como nova forma de reprodução urbana

Quando se fala em "comum", costuma-se remeter à expressão *commons*, como o termo em inglês, que designava as terras sobre as quais não havia propriedade individual, apenas formas de uso coletivas. Em sua análise da constituição do capitalismo, K. Polanyi mostrou o cercamento das terras comuns e a mercantilização do ser humano (sob a forma de força de trabalho) como condições fundamentais para o desenvolvimento de um sistema de produção baseado na violência e na espoliação. Karl Marx já tinha analisado essa série de cercamentos (*enclosures*) e expropriações formulando o conceito de "acumulação originária" (*O capital*, capítulo 24) para compreender os inícios do modo de produção capitalista.

••••••

7. Nesse sentido, é especialmente fecunda a experiência de recuperação de fábricas e empresas por parte de antigos trabalhadores. Em muitas dessas experiências os espaços foram reinventados para uma multiplicidade de usos que não estavam associados ao considerado produtivo, permitindo desnaturalizar a separação entre economia, cultura, política, cuidado etc. Sobre isso, ver Hudson, J. P. (2011). *Acá no. Acá no me manda nadie*, Buenos Aires: Tinta Limón.

David Harvey (2004) enfrenta a análise do comum mostrando como a acumulação baseada na pilhagem, na fraude e na violência é um processo persistente. Por isso vale pensar a acumulação primitiva ou originária como um processo que se reitera e para o qual se cunhou o termo "acumulação por espoliação".[8]

Em um trabalho recente, Harvey (2013) nos permite vincular a questão do comum como perspectiva urbana. Retomando a expressão de Lefebvre (1967) sobre "o direito à cidade", Harvey afirma que os movimentos sociais dos últimos tempos incorporaram a dimensão urbana como parte de suas exigências e reivindicações. No entanto, destaca que "reclamar o direito à cidade é, em realidade, reclamar o direito a algo que já não existe. Como significante vazio, o direito à cidade é uma invocação à criação, mais do que ao acesso a algo já existente. A definição do direito é em si objeto de luta, e essa luta deve ocorrer concomitantemente à luta por materializá-lo".

Harvey reconhece a potência de criar "novos espaços comuns" para a sociabilidade e para a ação política. E, esclarece, "não necessitamos esperar a grande revolução para construir esses espaços". Interessa-nos reforçar esse ponto, dado que na América Latina o

• • • • • •

8. Para referir-se a ela, Harvey propôs uma revisão do conceito marxista clássico: "Um olhar mais atento à descrição que Marx faz da acumulação originária revela uma ampla gama de processos. Isso inclui a mercantilização e a privatização da terra, e a expulsão forçada das populações camponesas; a conversão de diversas formas de direitos de propriedade – comum, coletiva, estatal etc. – em direitos de propriedade exclusivos; a supressão do direito aos bens comuns; a transformação da força de trabalho em mercadoria e a supressão de formas de produção e consumo alternativas; os processos coloniais, neocoloniais e imperiais de apropriação de ativos, incluindo os recursos naturais; a monetização dos intercâmbios e a arrecadação de impostos, particularmente da terra; o tráfico de escravos; e a usura, a dívida pública e, finalmente, o sistema de crédito. O Estado, com seu monopólio da violência e suas definições de legalidade, desempenha um papel crucial ao respaldar e promover esses processos" (Harvey, 2004).

direito à cidade efetivamente se materializa em um conjunto de lutas que, ao construir espaços comuns, produzem a cidade.

Trata-se, então, de um direito que pode ser reivindicado sob a premissa da constituição do urbano como trama comum não preexistente. Uma trama na qual a perspectiva feminista pode contribuir para a invenção de uma cidade para a vida. Essa questão está no centro da disputa com os processos de acumulação capitalista, que hoje se explicita em seu caráter de bolha imobiliária financeira.

Enfatizamos a maneira como a cidade, em seus espaços e tempos, não só é reconfigurada pelo capital, mas também pela ação de processos organizativos, que, além de defender os comuns, também os criam. As consequências que isso tem para uma economia orientada pelo cuidado é um fato ignorado por uma economia urbana maravilhada com a cidade como cenário mercantil e financeiro.

Nesse sentido, propomos pensar que, nas cidades da América Latina, o vocabulário e o horizonte do comum correspondem a um cenário proposto pelos movimentos sociais e pela resistência às medidas neoliberais. O comum como horizonte político/urbano, então, não tem a ver com uma guinada teórica, mas com as exigências de gestão popular das cidades, seus recursos e suas redes.

A criação do comum se inscreve em uma dinâmica que se abre a processos de autonomia, de autorreconhecimento, para diversas formas de enunciar um nós real, um horizonte de significado compartilhado.

Assim, a produção de nós mesmos como "sujeito comum" implica o reconhecimento de uma rede de inter-relações que possibilitam a reprodução de nossas vidas em condições de interdependência. "Não há comuns sem comunidade", lembra Federici (2013) para referir-se a esse nível de reconhecimento da cooperação social em que não se pode dissociar as condições de vida entre um "eles" e um "nós".

Isso tanto do ponto de vista que separa um Primeiro de um Terceiro Mundo, como daquele que dissolve a relação íntima entre trabalho doméstico reprodutivo (usualmente não assalariado) e trabalho produtivo assalariado.

Aqui se complica a discussão sobre a ideia de comunidade em cenários tão complexos como as cidades latino-americanas, onde a produção do comum está em jogo. Esse é um ponto-chave, porque não se trata de uma possibilidade factível só para cidades pequenas. Portanto, a ideia de comunidade não deve ser associada a um ideal sem conflitos, nem a uma totalidade homogênea.

Nesse sentido, vários autores destacaram a necessidade de problematizar a correspondência que se faz em muitas análises sobre comunidade, lugar e identidade. Em boa parte dos processos urbanos de produção de bens comuns, a relação com o lugar e o processo de identificação que ali se gesta desempenham papel fundamental. No entanto, isso não significa imaginar fronteiras fixas, nem a ausência de contradições, tampouco a construção de pertencimentos exclusivos e estáveis. A especificidade das relações sociais que acontecem no lugar, porém, pode produzir desenvolvimentos particulares que o dotam de um sentido compartilhado. Conformam uma identidade que sempre está vinculada a relações que ultrapassam o espaço imediato, mas que favorecem a existência de uma dimensão do comunitário.

> *Um lugar*, um território, tampouco pode ser algo simples, fechado e coerente. Ao contrário, cada lugar é um nó aberto de relações, uma articulação, uma trama de fluxos, influências, intercâmbios etc. E isso implica algo mais que tem a ver com a questão da identidade. Quer dizer que a especificidade de cada lugar é resultado da mescla distinta de todas as relações, práticas, intercâmbios etc., que se entrelaçam dentro

desse nó e é produto também do que se desenvolve como resultado desse entrelaçamento (Massey, 2004).

Destacamos que os processos de coconstrução de comunidade/bens comuns, assim como suas produções e suas espacialidades, se fundamentam também em relações de gênero, que apontam problemáticas diferenciais. Estas, por sua vez, pressupõem diversas maneiras de deliberação, o que produz continuidades, tensões e mudanças nos papéis que homens e mulheres desempenham. Em particular, os bens comuns são uma possibilidade de romper o enclausuramento das condições de reprodução como um problema do privado e, especificamente, das mulheres. E uma possibilidade de politizar a questão e levá-la ao espaço do coletivo. O comum, ou os bens comuns, constituem um modo de compreender muitas das lutas cotidianas de nossa atualidade em sua função não só de ferramenta crítica, mas também como visibilização de um contrapoder doméstico-comunitário.

Nas imagens que Federici (2010, 2013) oferece, que vão de pomares urbanos às panelas populares, o principal é a questão da ocupação e da demanda por terras. É a socialização do trabalho doméstico como maneira de proteger-se do aumento do custo de vida, mas também como forma de fortalecer-se frente às violências estatais e patriarcais:

> São as mulheres que devem construir os novos comuns, para que estes não constituam meros espaços de transição ou zonas temporalmente autônomas, mas que se desenvolvam plenamente como novas formas de reprodução social (Federici, 2013).

Deveríamos destacar que vários autores (Graciela Toro, no caso da Bolívia, por exemplo) se encarregam de apontar que há toda uma linha de cooptação dos comuns por parte de organismos multilaterais como FMI, Banco Mundial e ONU. Uma nova tendência de economistas ortodoxos e planejadores econômicos acredita que os comuns podem ser redirigidos para a produção do mercado. Da mesma forma, eles entenderam que, levada a seu extremo, a mercantilização das relações sociais tem consequências autodestrutivas.

Há uma razão para que conceitos como "capital social", economia "altruísta" ou da "doação" tenham espaços em publicações e perspectivas *mainstream*. Para Federici (2010), isso tem a ver com o fato de que: "a acumulação capitalista é estruturalmente dependente da apropriação gratuita daquelas imensas áreas de trabalho que devem aparecer como externalidades ao mercado, como o trabalho não remunerado que as mulheres proporcionaram e no qual os capitalistas confiaram para a reprodução da força de trabalho".

5. Entre a financeirização da cidade e a produção de bens comuns no feminino

O lugar do feminino no capitalismo situa as lutas pela reprodução da vida no plano central. A politização dessas lutas e a crítica à intensificação neoliberal das décadas passadas dão conta do esgotamento das políticas e programas públicos como única forma de ação. E apontam a atual densidade do comunitário.

> Os processos de organização contrapõem formas de gestão e resolução dos problemas de ordem coletiva, a construção do autogoverno sobre a base da autogestão dos bens comuns e a riqueza social. Estamos diante das lutas sociais da última década exigindo respostas sobre as maneiras em que se pode regular a convivência coletiva de forma não liberal, nem baseada na representação delegada nem

na alienação da própria voz, e da capacidade direta de decidir sobre o assunto comum (Gutiérrez, 2013).

Quando Raquel Gutiérrez (2011) propõe o conceito de "trama comunitária", ela se refere às formas múltiplas de reprodução e produção da vida social "sob pautas diversas de respeito, colaboração, dignidade, carinho e reciprocidade, não plenamente sujeitos às lógicas de acumulação do capital, ainda que agredidos e muitas vezes esgotados por elas".

O termo, destaca a autora, se refere a sujeitos coletivos diversos e "tem a virtude de não estabelecer seu fundamento no interior da produção do capital, nem em sua esfera econômica/mercantil. Tenta enfatizar, melhor dizendo, a forma do vínculo estabelecido – comunitário, centrado no comum – e na finalidade concreta que o anima: pluriforme, versátil, que exige acima de tudo a reprodução da vida com tudo que ela compromete. Trata-se da forma em que se assenta 'aquilo' especificamente humano, que vai além repetidamente do capital, que se expande por diversos terrenos do que se costumava chamar de 'esfera da reprodução social natural', em contraposição e contraste com a esfera civil e a esfera política" (Gutiérrez, 2011).

A autora insiste em pensar o comum como relação social. Daí, enfatiza as lutas concretas que colocam essa discussão sob dois pontos-chave: 1) o problema da reapropriação social da riqueza material e natural; e 2) a abertura de um espaço que explicita a forma (liberal) ineficaz pela qual o poder estatal assimila a participação política no âmbito da delegação.

Nesse sentido, ela aponta a constituição de uma *res comum* fundamentada em três rupturas. Primeiro, uma ruptura com os processos dominantes de acumulação de capital. Segundo, uma ruptura com a disposição coletiva à obediência. E, terceiro, uma ruptura com o cumprimento acrítico de normas herdadas.

Dizendo de outra maneira: assistimos à passagem de uma *res* pública centrada no Estado ou nas agências mediante projetos – em que a política se realiza no encontro com a institucionalidade estatal ou multilateral – para uma *res* comum. Nesta, a política se fundamenta tanto em sua capacidade de interromper os processos de acumulação de capital e de exploração de recursos comuns como de tensionar as formas liberais do político. Sob a figura da delegação, a política liberal anula as possibilidades de gerir coletivamente espaços urbanos para o comum.

As rupturas mencionadas se fazem evidentes em muitos dos processos desenvolvidos na América Latina. Tais lutas impõem limites à acumulação de capital feita à custa da mercantilização das condições para a vida, à cooptação financeira dos espaços nos quais se produzem valores de uso no habitat urbano e, fundamentalmente, à apropriação do tempo e do esforço das mulheres em função da geração de receita e do cuidado.

6. Algumas palavras finais

Nosso questionamento pela perspectiva feminista como crítica à economia urbana procurou demarcar as diferenças com enfoques que pretendem ser incorporados por alguns organismos multilaterais. Com isso, buscamos problematizar os ordenamentos urbanos e as soluções que, ainda se referindo a temas de gênero, os organismos multilaterais enunciam em combinação com os Estados. Tais soluções pressupõem a restrição do reprodutivo aos pobres e suas economias. Em contraponto, a feminização da política no urbano propõe enfaticamente uma expansão da racionalidade doméstica como algo que já não é mais privado. Trata-se, isto sim, de uma dimensão propícia para a construção coletiva do comum.

Os organismos multilaterais propõem um olhar das mulheres em relação à economia urbana que não incorpora as contribuições que o próprio pensamento feminista veio formulando. Isto é, produzir uma cidade cuja economia rompa com a separação entre o considerado produtivo e o considerado reprodutivo. No entanto, eles tomam e neutralizam algumas das problemáticas que o feminismo destaca. Ou seja, uma cidade em que a política que rege o espaço significa uma expressão da hegemonia da produção dos valores de troca em relação aos valores de uso (para dizer de uma forma sintética algo que merece mais camadas). Ao contrário, uma cidade onde a transformação do espaço público em favor do cuidado da vida de homens e mulheres em toda a sua diversidade não seja uma consequência residual de programas destinados a quem é conceitualizado como pobre ou vulnerável.

Da mesma forma, a vinculação estreita entre prosperidade e segurança restringe a noção de segurança a sua acepção liberal, contrapondo-a à lógica dos cuidados, que fica invisibilizada. Assim como a outra maneira de pensar a segurança, que é garantir a prosperidade urbana. Essa visão securitista, no entanto, é erodida quando surgem outras formas de gestão e construção do poder de habitar a cidade. E também de desestabilizar contratos de gêneros implícitos nas políticas estatais, que partem de concepções estanques sobre o papel de homens e mulheres, e das capacidades de valorização da trama urbana.

Nesse sentido, tentamos mostrar a ampliação de seu protagonismo no âmbito de diversos cenários de politização que conceituamos como *feminização do comum*, na medida em que apontam a valorização de dinâmicas reprodutivas e de cuidado como diretamente produtivas.

Esse ponto nos parece chave e também nos permite desarmar a clássica associação entre pobres e sobrevivência ao qual o doméstico sempre esteve vinculado (como um triângulo inseparável). E pensar tramas econômicas consideradas não marginais em termos de sua contribuição produtiva e sobretudo política do ponto de vista das subjetividades que as protagonizam.

A perspectiva do comum surge como um modo de ler a emergência de um contrapoder popular que se opõe à espoliação. E ao mesmo tempo cria circuitos de produção e reprodução que organizam a cidade como espaço de bem-estar para além de sua definição estatal e mercadocêntrica.

Nossa região, nesse sentido, é um espaço de experimentação popular que na última década e meia respondeu à espoliação neoliberal com estratégias vindas de baixo. E que foram capazes de ir além do binômio público-estatal versus privado. Nesse mais além é que surge a perspectiva do comum e de sua capacidade de abrir um espaço de criações e apropriações. A produção de bens e usos comuns em feminino se propõe tanto como bloqueio à continuidade da espoliação e exploração como início de outra imaginação e de outras linguagens para as práticas econômicas urbanas.

Referências

Anderson, Jeanine (1991). "Estrategias de sobrevivencia revisitadas". Em Feijoó, María del Carmen e Hilda María Herzer, *Las mujeres y la vida de las ciudades.* Instituto Internacional del Medio Ambiente IIED-América Latina. Buenos Aires: Grupo Editor Latinoamericano.

Banco Mundial (2012). *Informe sobre el desarrollo mundial: Igualdad de género y desarrollo.*

Beall, Jo (1996). "Urban governance: why gender matters". *UNDP gender in development monograph series*, nº 1. New York: United Nations Development.

Booth, Chris (2003). "Infraestructura para la vida cotidiana". El proyecto modelo Frauen-Werk-Stadt Sheffield Hallam University.

Booth, Chris e Gilroy, Rose (2000). "Mainstreaming gender sensitive housing: A Case Study of the FrauenWerk-Stadt model project". *Open House International*, vol. 25, nº 4, pp. 45-53.

Booth, Chris; Darke, Jane; Yeandle, Susan (coords.) (1998). *La vida de las mujeres en las ciudades. La ciudad, un espacio para el cambio*. Madrid: Narcea Ediciones.

Chant, Sylvia e McIlwaine, Cathy (2013). *Gender, Urban Development and the Politics of Space*. Disponível em http://www.e-ir.info/2013/06/04/gender-urban-development-and-the-poli-tics-of-space/

Chant, Sylvia e Datu, Kerwin (2011). "Urban prosperity doesn't automatically mean gender equality". *The Global Urbanist*. Disponível em http://globalurbanist.com/2011/09/27/urban-prosperity-doesnt-automatically-mean-gender-equality

Colectivo Situaciones (2012). "Closures and Openings in the Impasse". *South Atlantic Quarterly*, vol. 111, nº 1, pp. 133-144. Duke University Press.

Colectivo Situaciones-MTD de Solano. *La hipótesis 891 – Mas allá de los piquetes* (2002). Buenos Aires: Tinta Limón.

Environment and Planning: Society and Space, nº 1, pp. 59-72.

Federici, Silvia (2013). *Revolution at Point Zero: Housework, Reproduction and Feminist Struggle*. Oakland, Califórnia: Common Notions/PM Press.

_____________ (2010). *Calibán y la bruja: mujeres, cuerpo y acumulación originaria*. Buenos Aires: Tinta Limón.

Ferrara, Francisco (2003). *Más allá del corte de rutas. La lucha por una nueva subjetividad*. Buenos Aires: Editorial La Rosa Blindada.

Gago, Verónica (2011). *Mutaciones en el trabajo en la Argentina post 2001: entre la feminización y el trabajo esclavo* (Tesis doctoral). Recuperado de SISBI http://catalogosuba.sisbi.uba.ar/tesis/index.php/record/view/609429

Gutiérrez, Raquel (2013). "Hacia una política de lo común: re-pensar el cambio social en América Latina". *Conferencia del ciclo ¿Qué hacer con Marx?.* Universidad Nacional de San Martín (UNSAM), Província de Buenos Aires, Argentina, 26 de junho de 2013. Disponível em http://www.unsam.edu.ar/lecturamundi/

Gutiérrez, Raquel (2011). *Palabras para tejernos, resistir y transformar en la época que estamos viviendo.* Oaxaca de Juárez/México: Editorial Pez en el Árbol.

Harvey, David. (2013). *Ciudades rebeldes. Del derecho de la ciudad a la revolución urbana.* Madrid: Akal.

____________ (2004). "El 'nuevo' imperialismo: acumulación por desposesión". Socialist Register. Disponível em http://biblioteca.clacso.edu.ar/clacso/ se/20130702120830/harvey.pdf

____________ (1992). *Urbanismo y desigualdad social.* Madrid: Editorial Siglo XXI.

Hayden, Dolores (1981). *The Grand Domestic Revolution.* Cambridge, Massachusetts: MIT Press.

Holloway, John (2001). *Agrietar el capitalismo.* Buenos Aires: Herramienta.

Horelli, Liisa (2000). "Creating the Infrastructure of Everyday Life in the Context of European Local and Regional Development". Anais do Seminário ESRC série nº 5: The Interface between Public Policy and Gender Equality. CRESR, Sheffield Hallam University, Sheffield, Reino Unido.

Hudson, J. P. (2011). *Acá no. Acá no me manda nadie.* Buenos Aires: Tinta Limón.

Jacobs, Jane (1961). *Muerte y vida de las grandes ciudades.* Madrid: Ediciones Península.

Kazman, Rubén (2001). "Seducidos y abandonados: el aislamiento social de los pobres urbanos". *Revista de la Cepal.* Dezembro de 2001.

Lefebvre, Henri (1975). *El derecho a la ciudad.* Barcelona: Península, 3ª edición [1967].

Madariaga, Inés (2004a). *Urbanismo con perspectiva de género.* Sevilla: Instituto Andaluz de la Mujer.

_____________ (2004b). "Infraestructuras para la vida cotidiana y calidad de vida". *Revista Ciudades,* nº 8, pp. 101-133.

Massey, Doreen (2004). *Lugar, identidad y geografías de la responsabilidad en un mundo en proceso de globalización.* Treballs de la Societat Catalana de Geografia, nº 57, pp. 77-84.

_____________ (1994). *Space, place and gender.* Cambridge: Polity Press.

Massolo, Alejandra. (1991). "De la tierra a los tortibonos: la lucha urbana de las mujeres en la ciudad de México". Em Feijoó, María del Carmen e Herzer, Hilda María. *Las mujeres y la vida de las ciudades.* Instituto Internacional del Medio Ambiente IIED - América Latina. Buenos Aires: Grupo Editor Latinoamericano.

McDowell, Linda (1999). *Género, identidad y lugar.* Madrid: Ediciones Cátedra.

_____________ (1983). "Towards an understanding of the gender division of urban space". *Environment and Planning D: Society and Space,* vol. 1, nº 1.

McIlwaine, Cathy (2008). "Gender and age-based violence". Em Desai, V. e Potter, R. B. (eds.) *The Companion to Development Studies,* 2ª ed., pp. 445-449. Arnold: London.

Moser, Caroline O. N. e Felton, Andrew (2010). 'The Gender Nature of Asset Accumulation in Urban Contexts: Longitudinal Results from Guayaquil, Ecuador'. Em Beall, Jo; Guha-Khasnobis, Basudeb e Kanbur, Ravi (ed.) *Urbanization and Development: Multidisciplinary Perspectives,* pp. 183-200. Oxford: Oxford University Press.

Moser, Caroline e Shrader, Elizabeth (1999). "A Conceptual Framework for Violence Reduction". *LCR Sustainable Development Working Paper nº 2,* Urban Peace Program Series. Washington, DC: The World Bank, Latin America and Caribbean Region, Environmentally and Socially Sustainable Development SMU.

Moser, Caroline (1998). "The asset vulnerability framework: Reassessing urban poverty reduction strategies". *Documento apresentado ao World Development – World Bank,* vol. 26, nº 1. Washington, DC.

____________ (1996). *Situaciones Críticas. Reacción de las familias de cuatro comunidades Urbanas Pobres ante la Vulnerabilidad y la Pobreza.* Washington: Banco Mundial.

ONU-Habitat (2013). "State of women in cities 2012-2013. Gender and the prosperity of cities". Disponível em http://www.zaragoza.es/contenidos/medioambiente/onu/994-eng.pdf

ONU-Habitat (2010). "Igualdad de género para ciudades más inteligentes - desafíos y avances". Disponível em https://unhabitat.org/books/igualdad-de-genero-para-ciudades-mas-inteligentes-de-safios-y-avances-spanish/

Prévôt-Schapira, Marie France (2001). "Fragmentación espacial y social: conceptos y realidades". *Perfiles latinoamericanos,* nº 19. FLACSO. México.

Quiroga, Natalia; Gago, Verónica (2014). "Los comunes en femenino. Cuerpo y poder ante la expropiación de las economías para la vida". *Revista Economía y Sociedad.* Universidad Nacional de Costa Rica, vol. 19, nº 45.

Quiroga, Natalia (2011). "¿De qué crisis estamos hablando? Cuestionamientos y propuestas de la política de activos desde la economía feminista y la economía social". Em Coraggio, José Luis e Costanzo, Valeria (ed.). *Mentiras y verdades del "Capital de los Pobres". Perspectivas desde la economía social y solidaria.* Universidad Nacional de General Sarmiento, Buenos Aires: Imago Mundi.

Svampa, Maristella (2005). *La Sociedad Excluyente. La Argentina bajo el signo del liberalismo.* Buenos Aires: Editorial Taurus.

Svampa, Maristella e Pereyra, Sebastián (2003). *Entre la ruta y el barrio: la experiencia de las organizaciones piqueteras.* Buenos Aires: Editorial Biblos.

Tobio, Constanza e Denche, Concha (1995). "El espacio según el género. ¿Un uso diferencial? *Serie Documentos,* vol. 15. Madrid: Comunidad de Madrid, Dirección General de la Mujer.

UNIFEM (2007). "Ciudades para convivir: sin violencias hacia las mujeres". Santiago de Chile: Ediciones SUR, 2007. Disponível em http://www.sitiosur.cl/r.php?id=320

Vargas, Virginia (2007). "Espacio Público, Seguridad Ciudadana y Violencia de Género. Reflexiones a partir de un proceso de debate (2006-2007)". *Programa Regional: Ciudades sin Violencia hacia las Mujeres*

- *Ciudades Seguras para Todas y Todos*. Red Mujer y Hábitat de América Latina y el Caribe. UNIFEM.

Zibechi, Raúl (2003). *Genealogía de la revuelta: Argentina, la sociedad en movimiento*. Montevideo: Nordan Comunidad.

5

ECONOMIA ECOLÓGICA E ECONOMIA FEMINISTA: UM DIÁLOGO NECESSÁRIO[1]

YAYO HERRERO

O modelo de pensamento surgido na sociedade ocidental e intensificado a partir da expansão hegemônica do neoliberalismo se desenvolveu em contradição com as bases materiais que sustentam a vida. Construída sobre alicerces patriarcais, antropocêntricos e capitalistas, a organização de nossas sociedades atuais coloca em risco os equilíbrios ecológicos que possibilitam a vida humana (e a de outras espécies) e ameaça provocar um verdadeiro colapso ecológico e humano.

O sistema econômico capitalista e todo o arcabouço cultural que o acompanha se expandiram sem levar em conta que a vida humana tem duas dependências materiais incontornáveis. A primeira é a da natureza e seus limites. A segunda é consequência da vulnerabilidade da vida humana e, portanto, da impossibilidade de sobrevivência solitária. Isto é, precisamos, ao longo de toda a vida, do tempo que outras pessoas nos dedicam para poder levar vidas decentes.

••••••

1. Uma versão anterior deste artigo foi publicada em Cristina Carrasco (ed.) (2014). *Con voz propia. La economía feminista como apuesta teórica y política*. Madrid: La Oveja Roja.

A sociedade capitalista ignora a existência de limites físicos no planeta e oculta e subvaloriza os tempos necessários para a reprodução social cotidiana. Espalha-se como um tumor, sem observar limites, à custa da destruição do que precisamente necessitamos para sustentarmo-nos no tempo. Baseia-se em uma crença perigosa: a de uma falsa autonomia, tanto da natureza como do resto das pessoas.

Descobrir o sustentáculo cultural dessas visões é importante para poder desenhar as transições no sentido de outras formas de vida. A revisão dos esquemas mentais com os quais compreendemos e atuamos no mundo é tarefa fundamental para podermos nos recolocar como espécie no planeta. E também para podermos estabelecer como prioridade social outras relações que permitam garantir o bem-estar das pessoas em equidade.

Levando em conta a profunda e acelerada mudança climática, o esgotamento da energia fóssil barata e de muitos minerais que suportam o metabolismo econômico e dos estilos de vida, como o conhecemos; sendo conscientes da pegada ecológica global crescente e desigual; sabendo da redução da água doce e da alteração dos ciclos naturais, especialmente o de carbono e o de nitrogênio; experimentando o aprofundamento nas desigualdades sociais, a desresponsabilização do Estado e da sociedade do cuidado das pessoas; assistindo à intenção de aumento do controle sobre o corpo das mulheres, ao aumento da repressão e ao auge dos fascismos... parece ingênuo pensar que se possa sair desse atoleiro a partir de meras reformas pontuais, por mais que até as medidas mais mornas e reformistas possam parecer radicais diante dessa ofensiva neoliberal.

Neste momento crítico, é necessário fazer uma avaliação realista, por mais dura que possa ser, da situação na qual se encontra a humanidade, num planeta em que as variáveis ecológicas estão mudando a um ritmo acelerado e em uma direção imprevisível. Continuando nesse caminho, pode chegar o momento em que não seja possível, do ponto de vista físico, implementar as transições necessárias para caminhar rumo a um modelo diferente.

Reorientar a economia no sentido de um modelo justo e sustentável é urgente. Entretanto, as visões convencionais não são capazes de fazê-lo, porque o conjunto de instrumentos e teorias que criou não dá conta do que realmente sustenta a vida humana. Ao forçar o olhar em uma direção equivocada, tais concepções não permitem compreender tudo que desaparece a olhos vistos: o solo fértil, a capacidade de depuração das águas, a regulação do clima, a possibilidade de regenerar cotidianamente a vida, os estoques de energia e os materiais necessários para a sobrevivência, a biodiversidade que permite que o conjunto da biosfera se adapte a condições em constante mudança.

A economia feminista e a economia ecológica são imprescindíveis para essa mudança. Constituem duas proposições heterodoxas que coincidem em apontar a necessidade de mudar o foco de interesse do dinheiro para aquilo que possibilita uma vida boa. Quando as economias feminista e ecológica dialogam, quando se compartilha a riqueza conceitual e política de ambas, a análise dos problemas que cada uma enfrenta em separado ganha profundidade e clareza. Ambas as visões dão valor a elementos, processos e sujeitos que foram considerados inferiores pelo pensamento hegemônico e que, mesmo sendo absolutamente cruciais para a existência humana, foram invisibilizados.

Repensar a economia a partir dessa dupla lógica, a da vida humana e a da natureza, implica voltar às perguntas básicas: que papel ocupa nossa espécie na biosfera? Como a vida humana se sustenta?

Quais são nossas necessidades? Como podemos satisfazê-las para todos e todas? Como nos organizamos para fazê-lo?

Ecodependentes e interdependentes

Nós, seres humanos, somos uma das muitas espécies que habitam este planeta. E, como todas elas, obtemos o que necessitamos para permanecermos vivos da natureza: alimento, água, abrigo, energia, minerais... Por isso, dizemos que somos seres radicalmente ecodependentes. Na verdade, somos natureza.

No entanto, as sociedades ocidentais são praticamente as únicas que estabelecem uma ruptura radical entre natureza e cultura; são as únicas que constroem uma parede entre as pessoas e o resto do mundo vivo. Conceber o humano como oposto e superior à natureza nos impede de compreender as relações de dependência, nos leva a considerar a natureza como um grande armazém à disposição de alguns seres humanos – os mais ricos. E nos leva a destruir ou alterar de forma significativa a dinâmica que regula e regenera o vivo, em uma tendência absolutamente suicida.

Mas, além disso, somos seres profundamente interdependentes. Desde que somos paridos por nossa mãe até a nossa morte, dependemos física e emocionalmente do tempo que outras pessoas nos dedicam. Somos seres encarnados em corpos vulneráveis, que adoecem e envelhecem, que são restritos e finitos. Durante toda a vida, mas sobretudo em alguns momentos do ciclo vital, as pessoas não poderiam sobreviver se não fosse porque outras – majoritariamente mulheres, devido à divisão sexual do trabalho imposta pelo patriarcado – dedicam tempo e energia para cuidar delas.

O sistema capitalista vive de costas para esse fato e considera o corpo como uma mercadoria a mais. E, se não assume a vulnerabilidade da carne e a contingência da vida humana, muito menos reconhece os trabalhos que se ocupam de atender aos corpos vulneráveis. A invisibilidade da interdependência, a desvalorização da centralidade antropológica dos vínculos e as relações entre pessoas e a subordinação das emoções à razão são traços essenciais das sociedades patriarcais: "Quanto mais desvalorizados são os vínculos e as emoções no discurso social, mais patriarcal é a sociedade" (Hernando, 2012: 136).

O sistema capitalista e a ideologia neoliberal vivem de costas para a ecodependência e para a interdependência, e ignoram os limites ou restrições que estas impõem às sociedades. Da mesma forma, ignoram as potencialidades que o fato de considerá-las questões antropológicas centrais tem para se construir uma vida boa.

A economia feminista destaca que existe uma profunda contradição entre a reprodução natural e social das pessoas e o processo de acumulação de capital (Picchio, 1992). A economia ecológica destaca a inviabilidade de um metabolismo econômico inconsciente dos limites biogeofísicos e dos ritmos necessários para a regeneração da natureza. O diálogo entre ambos os paradigmas é, a nosso ver, imprescindível.

Poderia existir uma sociedade que se ajustasse aos limites do planeta, que reduzisse seu consumo e a geração de resíduos e que, ao mesmo tempo, se sustentasse sobre relações de subordinação patriarcal. Muitas culturas habitualmente consideradas sustentáveis são profundamente patriarcais e nelas existe uma importante contestação feminista. Por outro lado, também seria possível estabelecer uma proposta de reorganização do trabalho a partir de uma perspectiva feminista, mas construído sobre um modelo produtivo baseado em uma extração inviável de materiais e geração de resíduos.

Por isso, acreditamos que nem a economia feminista nem a economia ecológica são visões oniabrangentes. Cada uma delas em separado é condição necessária, mas não suficiente. Necessitam dialogar em pé de igualdade e o fruto desse diálogo deverá ser fertilizado por outras visões da economia política ou da economia solidária, que realizaram importantes avanços em outros campos.

Neste capítulo vamos colocar, de forma consciente, um peso maior na dimensão oferecida pela economia ecológica. Não porque, insistimos nisso, cremos que existe algum tipo de hierarquia, mas porque a dimensão da economia feminista foi desenvolvida com profundidade em outras partes do livro. E nos parece de grande relevância destacar aqueles elementos que podem complementar, enriquecer ou matizar a proposta da economia feminista.

Existimos em um mundo com limites e restrições

A dependência ecológica nos coloca diretamente o problema dos limites. Vivemos em um mundo que tem limites ecológicos. Aquilo que é não renovável tem seu limite na quantidade disponível, sejam os minerais, seja a energia fóssil. E o que é renovável também tem limites ligados à velocidade de regeneração. O ciclo da água, por exemplo, não se regenera na velocidade necessária para cultivar milho no deserto ou instalar campos de golfe em um terreno árido. O ritmo de funcionamento da natureza é fruto do ajuste de processos incrivelmente complexos que foram se desenvolvendo ao longo de bilhões de anos de evolução. Esses processos não podem ser controlados pela tecnociência.

Existem nove limites planetários nos processos biofísicos que são fundamentais para garantir a continuidade dos processos da natureza. Esses nove limites, interdependentes, estabelecem um marco dentro do qual a humanidade pode se desenvolver com certa segurança (Rockström e outros, 2009). Ultrapassá-los nos coloca num ambiente de incerteza a partir do qual podem ocorrer mudanças em grande escala e velocidade. E estas podem conduzir a outras condições naturais menos favoráveis para a espécie humana.

Os limites aos quais nos referimos são: a mudança climática, o ritmo de extinção da biodiversidade, os ciclos do nitrogênio e do fósforo, o esgotamento do ozônio estratosférico, a acidificação dos oceanos, a utilização da água doce, as mudanças de uso do solo, a contaminação atmosférica por aerossóis e a contaminação química (plásticos, metais pesados, alteradores hormonais, resíduos radiativos etc.). Desses nove limites, os quatro primeiros já foram ultrapassados. Hoje, além de não nos sustentarmos globalmente sobre a riqueza que a natureza é capaz de regenerar, ainda estamos menosprezando diretamente os bens de fundo que permitem essa regeneração (Rockström e outros, 2009).

Até que ponto as sociedades estão dispostas a assumir os riscos resultantes das mudanças na auto-organização da natureza? Isso tem muito a ver com as visões hegemônicas dos poderes político e econômico, dispostos a quase tudo a fim de obter benefícios. E também com o analfabetismo ecológico das maiorias sociais que interiorizaram em seus esquemas mentais uma noção inviável de progresso, de bem-estar e de riqueza, o que se torna muito funcional para sustentar o sistema dominante.

Não devemos esquecer que nossa espécie está adaptada a *esta* composição da atmosfera, a *esta* temperatura média e que coevoluímos com uma grande quantidade de vegetais, animais e microorganismos que são nossos companheiros de aventura planetária. Muitas dessas espécies vivas, com as quais interagimos, desaparecem hoje em grande velocidade. E, ao desaparecerem, perde-se a capacidade de adaptação humana a um entorno cada vez mais mutante. De um ponto de vista muito mais mecanicista, também devemos ter consciência de que há limites ao crescimento econômico. Esses limites são impostos pelo declínio da energia fóssil de altas taxas de retorno – fundamentalmente o petróleo – e o de muitos minerais imprescindíveis para sustentar as sociedades tecnoindustriais.

Reorganizar o conjunto da economia e da sociedade requer levar em conta como funciona a natureza, quais são suas dinâmicas e quais são os limites que não devem ser ultrapassados ou, melhor ainda, que não se deveria ultrapassar. Por isso, nos parece que uma alfabetização ecológica mínima é absolutamente imprescindível para qualquer um que pretenda estabelecer propostas de mudança. Quando não se faz isso, podemos cair no erro de apostar em saídas de corte neokeynesiano, inviáveis do ponto de vista físico.

Os mitos biocidas das sociedades capitalistas

Almudena Hernando destaca que “não teríamos a subjetividade que temos se não utilizássemos a cultura material que utilizamos, nem teríamos a cultura material que utilizamos se não tivéssemos a subjetividade que temos” (Hernando, 2012: 128). Por isso, ao mesmo tempo em que tentamos intervir no plano político e socioeconômico para chegar a um mundo justo e sustentável, também é fundamental analisar e compreender sobre que base nossa cultura se apoia. Isto é, quais são os dogmas e mitos por meio dos quais interpretamos e agimos em tudo que nos rodeia. E, assim, tentar influir nos imaginários que os sustentam.

A ficção capitalista da existência de um sistema econômico autorregulado provocou importantes desajustes não só na economia, mas também no modelo social, na concepção da pessoa e nos imaginários coletivos. Polanyi chamou a mutação resultante de abraçar essa fé de *a grande transformação*. Destacou como a criação da nova ciência econômica disparava um mecanismo que funcionava apenas motivado pelo lucro. O resultado "só foi comparável em eficácia ao estouro mais violento do fervor religioso na história" (Polanyi, 1992: 78). A economia convencional se apoia nessas crenças. Convém revelá-las para recompor um conhecimento que permita reorientar tanto a economia como a sociedade. As visões da economia ecológica e da economia feminista são centrais nessa tarefa desmistificadora.

Primeiro mito do fundamentalismo econômico: a produção pode se desvincular da vida

A economia capitalista reduz o conceito de valor ao de preço. Só tem valor econômico aquilo que pode ser expresso em unidades monetárias. Desloca-se o peso do valor de uso e da satisfação de necessidades ao valor de troca e à geração de lucros. Essa redução faz desaparecer do campo da análise econômica tudo aquilo que não se compra nem se vende. Boa parte do que tem a ver com a ecodependência e a interdependência desaparece da economia, ainda que continue sendo imprescindível para manter a vida.

A redução do campo de valor ao aspecto exclusivamente monetário transforma a noção do que é objeto de estudo econômico. E descarta, portanto, a complexidade da regeneração natural e todos os trabalhos humanos que não fazem parte da esfera mercantil, que passam a ser invisíveis. As primeiras noções de produção estabelecidas pela ciência econômica eram baseadas na capacidade de aumentar as riquezas que a natureza produzia, sem menosprezar a base física que permitia a regeneração cíclica.

Diante disso, a conceitualização que a economia capitalista realiza representa uma guinada de enorme transcendência sociocultural. A produção passa a ser qualquer processo no qual se produz um aumento de valor, medido em termos exclusivamente monetários. Confunde-se a produção com a simples extração, afastando da cabeça das pessoas a ideia de limite. E sedimentando o mito de que é possível "produzir" industrialmente e à vontade o que é necessário para manter-se vivo.

Quando a produção é medida exclusivamente em moeda, a economia e a sociedade deixam de questionar a natureza do que se produz, e as necessidades que satisfaz. Passamos a considerar como produção a fabricação de bombas de fragmentação. E assim perdemos a capacidade de diferenciar a produção necessária para sustentar a vida humana daquelas "produções" que destroem a possibilidade de mantê-la.

Para construir uma economia adequada aos seres humanos, a produção tem que ser uma categoria ligada à manutenção da vida e ao bem-estar das pessoas (Pérez Orozco, 2006). E também deve ser compatível com a vocação dos territórios e o ritmo da natureza. Há produções que são socialmente necessárias e outras socialmente indesejáveis, por mais duro que seja dizê-lo em um momento no qual o emprego está em queda livre. Distingui-las é imprescindível e os indicadores monetários usuais não o permitem.

Segundo mito do fundamentalismo econômico: terra e trabalho substituíveis por capital

As pessoas, por exemplo, se assombram com o "milagre" dos cultivos em estufas. Mas, para que nasçam tomates no deserto, é preciso adicionar nutrientes, fosfatos e nitratos que terão de ser tirados de algum lugar; é preciso plástico, derivado do petróleo; é preciso água, que deverá ser extraída de aquíferos, transportada de outros lugares ou dessalinizada; são necessários produtos químicos fitossanitários, já que na estufa as condições de temperatura e umidade obrigam a seu uso; e, além disso, é preciso trabalho humano penoso e duro, que nos países enriquecidos é realizado majoritariamente por pessoas migrantes em condições de desproteção e exploração infames.

Então, podemos dizer mesmo que o capital substitui a terra e o trabalho? Enquanto houver terras, energia, matéria-prima e mão de obra baratas, talvez sim. Mas conforme a humanidade "foi enchendo o mundo", a cada dia restam menos lugares para continuar espoliando. Os limites físicos intransponíveis mostram como, uma vez esgotados os estoques de matérias-primas e alterados irreversivelmente os processos naturais, não se pode regenerar o destruído, por mais que se pague. Isso é impossível, pelo menos nos tempos medidos em escala humana.

Uma vez ultrapassados os limites do planeta, a redução do tamanho do aspecto material da economia é indiscutível. A chamada pobreza energética, que começa a aflorar também nos países enriquecidos, evidencia a inviabilidade de manter um esquema desigual no acesso à energia. Diante do declínio e do encarecimento da energia fóssil – em boa medida sujeita a processos especulativos – quem aposta em sociedades justas e igualitárias obviamente pensa que o esforço de austeridade material deverá ser feito majoritariamente pelos territórios, e dentro deles pelas pessoas que consomem em excesso, acima do que é possível.

Terceiro mito do fundamentalismo econômico: produzir mais é sempre melhor

Quando se reduz o valor de um bem ou de um processo ao valor monetário que lhe é atribuído, a única dimensão que cria valor no mercado é seu preço.

O preço de um determinado artefato ou produto não incorpora a inevitável geração de resíduos que acompanha qualquer processo de transformação. Tampouco incorpora o esgotamento de recursos finitos, nem a exploração de trabalhadores e trabalhadoras... Se apenas olhamos a dimensão que cria valor no mercado, que é o preço do que se compra e se vende, o que se deseja é que cresça a produção do que for ao máximo possível. E não levamos em conta as externalidades negativas, nem julgamos se o que é produzido é socialmente necessário ou não. Ainda que a renda aumente devido a tal produção, também aumentam todos os efeitos negativos colaterais que a acompanham. A economia convencional não tem ferramentas para medir essa deterioração e comemora qualquer tipo de produção que gere lucro econômico, ainda que no caminho se destrua o presente e o futuro de sociedades e ecossistemas.

Assim, ignorando o esgotamento e a deterioração da capacidade de regeneração da natureza e a necessidade de regenerar cotidianamente a vida humana, é que se construiu o dogma intocável da economia convencional: a defesa de que qualquer crescimento econômico, independentemente da natureza da atividade que o sustenta, é positivo em si mesmo. E, portanto, se constituiria na única forma de garantir o bem-estar social.

A necessidade de crescimento da economia serve de justificativa tanto para arrebatar direitos trabalhistas como para destruir o território, tanto para eliminar serviços públicos como para reformar o código penal... E isso está tão incorporado aos modelos mentais racionais que mal se ouvem vozes críticas. Vozes que denunciem a falácia e o risco de perseguir o crescimento econômico como fim em si mesmo, sem se perguntar à custa de quê, para satisfazer o quê e quem se apropria dos benefícios desse crescimento.

Argumentar exclusivamente no universo abstrato dos valores monetários cortou os vínculos que conectavam a natureza e a vida humana à economia. Chegamos ao absurdo de utilizar, de forma absoluta, um conjunto de indicadores que não só não considera como riqueza bens e serviços imprescindíveis para a vida, mas contabiliza a própria destruição como riqueza.

Quarto mito do fundamentalismo econômico: trabalho é só o que se faz em troca de salário

A nova economia gerou novas rupturas que continuam separando a vida humana e a sociedade. Com o nascimento da indústria e o processo de espoliação do campesinato nasceu o proletariado, uma grande massa de pessoas sem meios de produção. Para subsistir, essas pessoas se viram obrigadas a vender sua força de trabalho aos donos desses meios de produção. O trabalho passou a ser concebido como aquilo que se fazia na esfera mercantil em troca de um salário. E todas aquelas funções que se realizavam no espaço de produção doméstica para garantir a reprodução e os cuidados dos corpos humanos passaram a não ser nomeadas. Obviamente, tais tarefas continuavam sendo imprescindíveis tanto para a sobrevivência como para fabricar essa "nova mercadoria" que era a mão de obra (Carrasco, 2009).

De uma canetada se seccionou uma parte da vida social, a que se desenvolvia no espaço público e visível do econômico. E se ocultou a outra parte da existência, que não tinha reflexo no mundo monetário e que se subordinava às lógicas e exigências de uma economia hipertrofiada. A nova economia transformou o trabalho e a terra em mercadorias e estes começaram a ser tratados como se tivessem sido produzidos para ser vendidos.

A nova noção do trabalho exigiu tornar o corpo apropriado para a regularidade e o automatismo exigidos pela disciplina do trabalho capitalista (Federici, 2010): o corpo se torna uma máquina de trabalho. E sua regeneração e reprodução não é responsabilidade da economia, que se desentende delas, relegando-as ao espaço doméstico. Ali, fora do olhar público, as mulheres se veem obrigadas a assumir essas funções desvalorizadas, apesar de serem tão imprescindíveis tanto para a sobrevivência digna como para a própria manutenção da produção capitalista (Carrasco, 2009).

A teoria econômica postula a existência de uma espécie de sujeito abstrato, o "*Homo economicus.*" Ele é esse ser que todo dia concorre aos mercados e compete ferozmente com os demais para satisfazer seu próprio egoísmo. Supostamente é em outros âmbitos da sociedade, fora da economia pretensamente autorregulada e isolada do resto da vida, que se deve assegurar a equidade ou o apoio mútuo.

Mas, paradoxalmente, é o espaço mercantil, no qual a solidariedade e o cuidado da vida estão suspensos, que organiza o tempo e o território. Tempo e território não são mais do que natureza e vida humana que, sob essa lógica, passam a estar organizadas em torno ao lucro. Além disso, é esse espaço mercantil, no qual a moral está suspensa, que pode outorgar direitos econômicos e sociais. É a participação nesse espaço que permite autonomia econômica e proteção social.

Rumo a uma cultura da sustentabilidade

As dimensões ecológica e feminista são imprescindíveis para transformar a concepção e a gestão do território e para reorganizar os tempos das pessoas. Sem elas, é quase impossível imaginar um modelo compatível com a biosfera e que trate de dar respostas a todas as diferentes formas de desigualdade. Ambos os enfoques propõem uma produção ligada à manutenção da vida e um modelo de organização econômica que coloque a própria vida no centro.

Esboçamos em seguida, de forma muito superficial, algumas pautas imprescindíveis para abordar as transições necessárias.

O ponto de partida inevitável é reduzir a extração e a pressão sobre os ciclos naturais. Em um planeta com limites já em boa parte ultrapassados, a redução da esfera material da economia global não é uma opção. É simplesmente um dado. A humanidade terá de se adaptar a viver extraindo menos da Terra, atendo-se ao que sua produção cíclica pode dar e gerando menos resíduos. Essa adaptação pode ser produzida por meio da luta pelo uso dos recursos decrescentes ou mediante um processo de reajuste decidido e antecipado com critérios de equidade.

Uma redução da pressão sobre a biosfera que tenha como prioridade o bem-estar das pessoas obriga a propor uma mudança radical de direção. Exige promover uma cultura da suficiência e da autocontenção no material, a apostar na relocalização da economia e em estabelecer ciclos curtos de comercialização, a restaurar boa parte da vida rural, a reduzir o transporte e a velocidade, a empreender uma divisão radical da riqueza e a situar a reprodução cotidiana da vida e o bem-estar no centro dos interesses.

Abandonar a lógica androcêntrica e biocida obriga a responder a perguntas inescapáveis: Que necessidades é preciso satisfazer para todas as pessoas? Quais são as produções necessárias e possíveis para que se possa satisfazê-las? Quais são os trabalhos socialmente necessários para isso? Trata-se de buscar novas formas de socialização, de organização social e econômica que permitam livrar-se de um modelo de desenvolvimento que prioriza os benefícios monetários sobre a manutenção da vida.

Mudar o modelo de produção

Para transformar a produção em uma categoria ligada à manutenção da vida, é preciso repensar o que se produz, como e quanto. Será preciso promover atividades e setores que gerem bens e serviços de forma compatível com a conservação dos ecossistemas. A agroecologia, a pesca sustentável, a reabilitação energética das edificações, as energias renováveis, o transporte público e os serviços sociocomunitários públicos podem ser alguns desses setores socialmente necessários a investir.

Sobre a forma de produzir, Riechmann afirma que a economia da natureza é "cíclica, totalmente renovável e autorreprodutiva, sem resíduos, e cuja fonte de energia é inesgotável em termos humanos: a energia solar em suas diversas manifestações (que inclui, por exemplo, o vento e as ondas). Nessa economia cíclica natural, cada resíduo de um processo se torna matéria-prima de outro: os ciclos se encerram" (Riechmann, 2005: 98). Assim, a fim de favorecer o fechamento de ciclos de materiais no processo econômico-produtivo, além de se registrar os custos da extração e do manejo dos minerais da crosta terrestre, também devem ser *calculados os custos de reposição*. Ou seja, os custos da transformação dos resíduos em recursos naturais já que, do contrário, se favorece a deterioração do patrimônio natural (Naredo, 2006).

Seria possível intervir em outras esferas a fim de incentivar a mudança do modelo de produção. Um exemplo seria a criação de uma *política fiscal orientada por critérios ecológicos e sociais*. O objetivo seria mudar a base de alguns impostos que tributam com base no valor agregado mercantil. E substituir por outros, que fiscalizariam um fluxo material de produção: o que se produz desde a extração de recursos até sua posterior volta como resíduos, passando por seu uso como insumos produtivos. Outra linha de mudança seria estabelecer *ciclos curtos de comercialização*. Em um mundo com as fontes energéticas de origem fóssil em declínio e com uma urgente necessidade de reduzir emissões de gases de efeito estufa, a produção e a distribuição de proximidade serão uma necessidade.

Nesse sentido, também se torna essencial exigir o *princípio de precaução*. Isto é, nem se comercializam nem se difundem tecnologias ou produtos sem que se tenha demonstrado, de forma convincente, que não são nocivos para o ambiente e para as pessoas. Atualmente ocorre exatamente o contrário, já que as "inovações" que ganham espaço são tidas como inofensivas até que se prove o contrário.

Não basta só saber o quê e como produzir. É preciso também atentar para quanto é possível produzir. Nesse sentido, é importante introduzir *políticas de gestão da demanda*, destinadas a reduzir o consumo em focos e setores sociais que consomem demais. E assim, conseguir uma redução bruta da quantidade de materiais e resíduos que, hoje, põem em risco o metabolismo econômico.

Além disso, é preciso reformular os sistemas de contabilidade nacional, a fim de incorporar estatísticas e análises baseadas em indicadores que deem conta do território e do tempo das pessoas. A economia ecológica trabalhou na proposta de indicadores que têm a ver com a dimensão biogeofísica. E, do ponto de vista da economia feminista, tem-se insistido de forma contundente sobre a organização do tempo.

Reorganização do modelo de trabalho

Historicamente, a destruição do emprego ocorreu nos períodos de recessão econômica e são esses os momentos nos quais falar de atividades econômicas não desejáveis é mais difícil. No entanto, se quisermos atender aos limites do planeta e ao bem-estar humano é urgente tratar desse tema.

Os empregos em setores ou atividades que não são socialmente desejáveis, como a fabricação de armamentos, as centrais nucleares, o setor automobilístico, ou os empregos que foram criados em torno das bolhas financeira e imobiliária, não devem ser mantidos. Realmente necessárias são as pessoas que desempenham esses trabalhos. Portanto, o progressivo desmantelamento de determinados setores teria de ser acompanhado por um plano de reestruturação e fortes coberturas sociais públicas que permitam transições justas para outro modelo produtivo.

Mas, a fim de reconfigurar o modelo de trabalho, é sobretudo necessário incorporar, visibilizar e dar valor a todos os trabalhos, também aos não remunerados e imprescindíveis para o bem-estar humano. É preciso reconhecer como trabalho aquele que permite a reprodução social no âmbito dos lares. E não basta que esse trabalho seja reconhecido como importante. A chave é revolucionar o modelo de divisão sexual do trabalho próprio do patriarcado e dividi-lo entre mulheres e homens.

A contribuição feminista no terreno da teoria e da prática política nesse campo é enorme e é um tema profundamente trabalhado em outros capítulos desta publicação.

Igualdade e distribuição da riqueza

Em um planeta fisicamente limitado, no qual um crescimento econômico ilimitado não é possível, a justiça se relaciona diretamente à distribuição e à divisão da riqueza. Não é possível estender os níveis de consumo material médio das pessoas do Norte global a todas que habitam o mundo. Portanto, o acesso de boa parte da população a níveis dignos passa por uma redução drástica do consumo daqueles que mais pressão material exercem sobre os territórios com seus estilos de vida. E também por uma redistribuição justa da riqueza.

Rendas mínimas, rendas máximas, taxação progressiva... A política econômica desenvolveu múltiplos instrumentos para compartilhar a riqueza (terra, trabalho e capital) que estão absolutamente vigentes no momento atual.

Reduzir as desigualdades quando não é desejável nem possível ampliar o âmbito material da economia nos leva a um debate central: o da propriedade. Em uma cultura da sustentabilidade seria necessário diferenciar, por exemplo, a propriedade ligada ao uso da moradia ou ao trabalho da terra daquela ligada à acumulação, e conter esta última.

Participar e estimular a participação nas experiências alternativas

Durante os últimos anos proliferaram múltiplas experiências que tentam ensaiar modos alternativos de produzir, cuidar e distribuir, de gerir a propriedade, de financiar projetos e coletivos. As pessoas organizadas em cooperativas de consumo agroecológico em todo o Estado são contadas aos milhares. Existem cooperativas de serviços como a Coop57 ou Fiare,[2] que já têm mais de 15 anos de vida e somam quantias emprestadas nada desprezíveis. Há também redes de cuidados compartilhados que resolvem necessidades de atenção a crianças; residências de idosos autogeridas, baseadas no

2. Tanto a Fiare quanto a Coop57 são cooperativas de financiamento de projetos de economia social e solidária. Ambas atuam na Espanha, embora a Fiare tenha origem na Itália.

apoio mútuo; projetos de cooperativas integrais e mercado social; meios de comunicação alternativos; software livre que foi capaz de enfrentar a Microsoft...

Essas experiências são laboratórios sociais, uma vez que satisfazem as necessidades concretas de quem participa delas. Estimular esses projetos, ainda que sejam pequenos e não representem uma alternativa global, é muito importante porque, além de tudo, preparam as pessoas e os coletivos para disputar o poder em todos os âmbitos.

Mudar os imaginários coletivos

Partimos da hipótese de que, ainda que incompletas, dispomos de certas propostas e diretrizes para começar a ensaiar transições socioecológicas, no sentido de outro modelo de economia e organização social. Entretanto, nos vemos diante de um problema para o qual estamos em uma situação de imaturidade preocupante. Estamos diante de uma situação de imensa fragilidade na resposta social. Há uma enorme distância entre a dureza da ofensiva neoliberal e a crescente, mas ainda embrionária, mobilização social. Existe, em nosso modo de ver, um enorme desnível entre a brutalidade dos ajustes que vivemos e a capacidade de enfrentá-los. Hoje nos falta poder político para forçar as transições. E, para conseguir isso, é preciso que amplas maiorias se livrem de um modelo de pensamento que leva ao naufrágio antropológico.

O grande desafio é conseguir que as pessoas desejem essa transição. Não há atalhos e o trabalho coletivo em instituições, redes e organizações populares de todo tipo é imprescindível. Trata-se de uma tarefa de pedagogia popular a ser realizada quase porta a porta. Para poder mudar, precisamos desvelar os mitos e ficções e compor outro relato cultural mais harmônico com a consistência humana.

É uma obrigação realizar, como destaca Castoriadis (2013: 71), um exercício de criatividade nos imaginários de um calado sem comparação a qualquer outro momento histórico. É preciso nos reinventar e colocar no centro da sociedade, como motores de mudança, outros objetivos que substituam a expansão dos lucros e do consumo.

São necessárias mudanças por cima e por baixo e devemos ser conscientes das falsas dicotomias que também povoam o panorama dos movimentos político-sociais. Em nossa opinião, a auto-organização não se contrapõe à representação. Os projetos locais e autogeridos, firmemente ancorados nos territórios, são vulneráveis se não se age também na escala macro. Um projeto produtivo agroecológico consolidado, por exemplo, pode ser destruído diante de prospecções petrolíferas ou de projetos de fratura hidráulica (fracking) no âmbito institucional, sem um "povo" que o defenda e pressione para mantê-lo.

Em cada encruzilhada deste caminho, diante de cada dúvida, é conveniente perguntar-se o que pensa o feminismo. Temos um grave problema de espaço e de tempo e o movimento feminista pensou muito sobre ambos os temas. Se a sociedade androcêntrica relegou os vínculos e as relações de interdependência ao espaço oculto dos lares, hoje regenerar a sociedade e a democracia exige valorizar a experiência, o que é "sabido e não pensado" (Hernando, 2012) que faz parte da bagagem aprendida nas margens que a sociedade patriarcal obrigou as mulheres a ocupar.

Em nossa opinião, o diálogo entre a economia ecológica e a feminista ressignifica o próprio conceito de sustentabilidade. Esta passa a ser, como destacam Bosch, Carrasco e Grau (2005), "um processo que não só faz referência à possibilidade real de que a vida continue – em termos humanos, sociais e ecológicos –, mas a que tal processo signifique desenvolver condições de vida, padrões de vida ou qualidade de vida aceitáveis para toda a população. Sustentabilidade que supõe, portanto, uma relação harmônica entre humanidade e natureza, e entre humanas e humanos. Em consequência, será impossível falar de sustentabilidade se não for acompanhada de equidade".

Depois dessas reflexões resta uma pergunta essencial: Seremos capazes de implementar essas transições? Seria possível produzir essa mudança cultural em um mundo assentado estruturalmente no capitalismo e no patriarcado? Temos tempo para essa mudança?

Diante da falta de certezas, só nos resta tentar.

Referências

Bosch, Anna; Carrasco, Cristina e Grau, Elena (2005). "Verde que te quiero violeta. Encuentros y desencuentros entre feminismo y ecologismo". Em Tello, Enric. *La historia cuenta – del crecimiento económico al desarrollo humano sostenible.* Barcelona: Ediciones El Viejo Topo.

Carrasco, Cristina (2009). "Tiempos y trabajo desde la experiencia femenina". *Papeles de Relaciones Ecosociales y Cambio Global*, nº 108.

Castoriadis, Cornelius (2013). "El ascenso de la insignificancia". Em Aguilera Klink, Federico. *Para la rehumanización de la economía y la sociedad*, pp. 63-92. Mediterráneo Económico, nº 23.

Federici, Silvia (2010). *Calibán y la bruja. Mujeres, cuerpo y acumulación originaria.* Madrid: Traficantes de Sueños.

Hernando, Almudena. (2012). *La fantasía de la individualidad.* Madrid: Katz Editores.

Naredo, José Manuel (2006). *Raíces económicas del deterioro ecológico y social. Más allá de los dogmas.* Madrid: Siglo XXI.

Pérez Orozco, Amaia (2006). *Perspectivas feministas en torno a la economía: el caso de los cuidados.* Madrid: Consejo Económico y Social, Colección Estudios, nº 190.

Picchio, Antonella (1992). *Social Reproduction: the political economy of labour market.* Cambridge: Cambridge University Press.

Polanyi, Karl (1989). *La gran transformación*. Madrid: La Piqueta.

Riechmann, Jorge (2005). *Biomímesis. Ensayos sobre imitación de la naturaleza, ecosocialismo y autocontención*. Madrid: La Catarata.

Rockström, Johan et al (2009). "Planetary boundaries: exploring the safe operating space for Humanity". *Ecology and Society*, vol. 14, nº 2.

6

ECONOMIA DO CUIDADO E DESIGUALDADE NA AMÉRICA LATINA:
avanços recentes e desafios pendentes

CORINA RODRÍGUEZ ENRÍQUEZ[1]

A discussão sobre o papel econômico do trabalho de cuidado (a economia do cuidado) vem ganhando espaço nas discussões na América Latina. Isso tanto em nível acadêmico quanto no campo das políticas públicas. O debate engloba as implicações de como o cuidado se organiza socialmente e afeta as questões de gênero e a vida das mulheres.

Nesse contexto, foram produzidas conceituações úteis para compreender o tema no contexto específico da região. E também foram coletadas evidências empíricas (basicamente, pesquisas sobre o uso do tempo para compreender a magnitude e a distribuição do trabalho de cuidado não remunerado), assim como foram mapeadas iniciativas de políticas públicas.

O presente artigo se propõe a atualizar a situação na região, repassando na primeira parte as contribuições conceituais à discussão.

1. Pesquisadora do Consejo Nacional de Investigaciones Científicas y Técnicas (Conicet) no Centro Interdisciplinario para el Estudio de Políticas Públicas (Ciepp) em Buenos Aires, Argentina. Membro de Mujeres por un Desarrollo Alternativo para una Nueva Era (DAWN).

Depois, apresenta as evidências mais recentes em relação à inter-relação entre organização social do cuidado e reprodução da desigualdade. Por fim, analisa os avanços em termos de políticas públicas e os desafios que ainda restam.

1. As contribuições conceituais e os eixos centrais da discussão[2]

Na discussão latino-americana, a noção de *cuidado* é associada às atividades indispensáveis para satisfazer as necessidades básicas de existência e reprodução das pessoas, com os elementos físicos e simbólicos que lhes permitem viver em sociedade. Inclui o autocuidado, o cuidado direto a outras pessoas (a atividade interpessoal de cuidado), a oferta de precondições em que o cuidado se realiza (a limpeza da casa, a compra e o preparo dos alimentos) e a gestão do cuidado (coordenar horários, levar e buscar em centros educativos e outras instituições, supervisionar o trabalho da cuidadora remunerada, entre outros). Desse ponto de vista, o cuidado permite atender às necessidades das pessoas dependentes, por sua idade ou por suas condições/capacidades (crianças, idosos, doentes ou pessoas com deficiências) e também as pessoas que poderiam prover esse cuidado para si mesmas (Rodríguez Enríquez, 2005; Esquivel, 2011; ELA, 2012; Pautassi e Zibecchi, 2013).

O conceito de *organização social do cuidado* (OSC), por sua vez, se refere à maneira como inter-relacionadamente as famílias, o Estado, o mercado e as organizações comunitárias produzem e distribuem cuidado. Essa noção é chave para compreender como as

2. Esta seção segue Rodrígues Enríquez e Pautassi (2014).

responsabilidades de cuidado são distribuídas, e é fundamental para entender a dinâmica em contextos especialmente desiguais como o latino-americano. Nessa mesma linha, Pérez Orozco (2007) sugere falar de *redes de cuidado*, em alusão aos encadeamentos múltiplos e não lineares que ocorrem. Isto é, os atores que participam do cuidado, os cenários nos quais isso ocorre, as inter-relações que se estabelecem entre si e, consequentemente, em que medida a rede de cuidados se torna sólida ou frágil.

As redes de cuidado são formadas pelas pessoas que proveem cuidado e as que os recebem (ou seja, todas as pessoas em seus papéis de cuidadoras e cuidadas). E ainda os atores institucionais, os marcos normativos e as regulações, a participação financeira e também a comunitária. Essa *rede de cuidados* é dinâmica, está em movimento, muda e, justamente por isso, pode ser transformada.

Por mais que a América Latina seja uma região com fortes heterogeneidades entre países, há uma afirmação que pode ser generalizada para todos os casos: de que a OSC, em sua forma atual, é injusta. Com efeito, as evidências demonstram que na região as responsabilidades de cuidado estão desigualmente distribuídas em dois níveis distintos. De um lado, há uma distribuição desigual das responsabilidades de cuidado entre lares, Estado, mercado e organizações comunitárias. De outro, a desigualdade na distribuição de responsabilidades se verifica também entre homens e mulheres (PNUD-OIT, 2009; Rodríguez Enríquez, 2007a; Lupica, 2010; Esquivel et al., 2012; Marco e Rico, 2013). A evidência mostra que o trabalho de cuidado é assumido majoritariamente pelos lares e, dentro deles, pelas mulheres. Isso advém da concorrência simultânea de vários fatores: a divisão sexual do trabalho; a naturalização da capacidade das mulheres de cuidar; os percursos históricos dos regimes de bem-estar e as experiências socioeconomicamente estratificadas.[3]

O primeiro fator explicativo é a *divisão sexual do trabalho*, que representa a expressão das relações de gênero no mundo do trabalho. E, portanto, explicita as relações de subordinação das mulheres, cuja manifestação é sua concentração nas responsabilidades de cuidado e sua menor ou pior participação no mercado de trabalho (Pautassi, 2007a; Rodríguez Enríquez, 2007b).

Em segundo lugar, relacionado ao anterior, a injusta distribuição das responsabilidades de cuidado se vincula à *naturalização da capacidade das mulheres para cuidar*. Isso acontece quando se considera que a capacidade biológica exclusiva das mulheres de parir e amamentar as dota de capacidades superiores que as dos homens para outros aspectos do cuidado (como manter a higiene das crianças, preparar a comida, limpar a casa, organizar as diversas atividades de cuidado necessárias em um lar). Longe de ser uma capacidade natural, trata-se de uma construção social sustentada nas relações patriarcais de gênero que se assenta em valorações culturais reproduzidas por diversos mecanismos. Entre eles, estão a educação, os conteúdos da publicidade e outras peças de comunicação, a tradição, as práticas domésticas cotidianas, as religiões e as instituições. Na América Latina, essa naturalização continua muito arraigada e é reproduzida pelas instituições mencionadas. Isso leva as mulheres a se autoimpor essas responsabilidades e a se sentir culpadas quando desejam ou precisam delegá-las.

Um terceiro fator explicativo se encontra nos *percursos históricos dos regimes de bem-estar*. Na América Latina, isso se formou

3. N. da E.: No Brasil, especialmente, não é possível dissociar todo esse contexto da escravidão e nem esquecer que, entre as mulheres, as mais afetadas são as negras.

considerando o cuidado como responsabilidade principal dos lares (e, dentro deles, das mulheres), o que reforçou a atual distribuição da OSC. Além disso, a participação do Estado ficou reservada a aspectos muito específicos (no caso, a educação escolar) ou como complemento dos lares quando as situações particulares assim o exigem (por exemplo, para o caso de lares em situação de vulnerabilidade econômica e social).

Finalmente, na América Latina, a região com piores indicadores de igualdade do planeta, a *experiência socioeconomicamente estratificada* da organização do cuidado é outra fonte de injustiça. Os lares pertencentes a diferentes estratos econômicos contam com diferentes graus de liberdade para decidir a melhor maneira de organizar o cuidado de seus membros. Por exemplo, uma mulher que pertence a um lar com renda média ou alta conta com a oportunidade de adquirir serviços de cuidado no mercado (creches ou pré-escola de gestão privada) ou de pagar pelo trabalho de cuidado de outra mulher (empregada doméstica). Isso alivia a pressão sobre seu próprio tempo de trabalho de cuidado não remunerado, liberando-o para outras atividades (de trabalho produtivo no mercado, de autocuidado, de educação ou formação, de lazer). Essas opções se encontram limitadas ou são totalmente nulas para a enorme maioria de mulheres que vivem em lares pertencentes aos setores mais baixos na distribuição de recursos. Nesses casos, a pressão sobre o tempo de trabalho das mulheres pode ser superlativa e as restrições para realizar outras atividades (entre elas a participação na vida econômica) podem ser severas. Assim, a OSC é em si mesma um vetor de reprodução e aprofundamento da desigualdade.

Adicionalmente, a OSC pode adotar uma dimensão transnacional (Pérez Orozco, 2007) que se verifica quando parte da demanda de cuidado é atendida por pessoas trabalhadoras migrantes. Nas experiências da região, acontece com frequência que as pessoas que migram e se ocupam em atividades de cuidado (majoritariamente mulheres) deixam em seus países de origem filhos e filhas ou outras pessoas dependentes. O cuidado dessas pessoas é então realizado por outras, vinculadas a redes de parentesco (avós, tias, cunhadas, irmãs mais velhas) ou de proximidade (vizinhas, amigas). Formam-se assim as chamadas *cadeias globais de cuidado*, ou seja, vínculos e relações por meio dos quais se transfere o cuidado da mulher empregadora no país de destino para a trabalhadora migrante, e desta para seus familiares ou pessoas próximas no país de origem. Os elos da cadeia têm graus distintos de força e a experiência de cuidado (recebido e dado) fica assim determinada e atravessada por condições de vida desiguais. Nesse sentido, em sua dimensão transnacional, a OSC aprofunda seu papel de vetor de desigualdade.[4]

Além de ser injusta e aprofundar diversas dimensões da desigualdade, a OSC também é espaço de vulnerabilidade de direitos. Nesse sentido, a problemática do cuidado e a determinação quanto a quem o provê (para si e para outros) remete a *um problema de exercício de direitos*. Direitos que podem estar contemplados em distintos corpos normativos ou, caso não estejam, sua abordagem é requisito para a redução de desigualdades como condição de uma política pública. Em ambos os casos, a OSC remete a um debate no qual se entrecruzam direitos, desigualdades e políticas, em consonância com as clássicas demandas feministas e seus desenvolvimentos teóricos. Debate aprofundado pelo fato de que, se na situação atual

•••••

4. Sanchís e Rodríguez Enríquez (2011) analisam o caso da cadeia global de cuidado que funciona no corredor migratório Paraguai-Argentina.

o exercício desses direitos não for ampliado, continuará afetando o princípio de igualdade fundamental para o desenvolvimento das pessoas (Pautassi, 2007b).

Na América Latina não se avançou no sentido de considerar novas formas jurídicas de regular o cuidado de modo a contribuir para melhorar sua distribuição, transcendendo as legislações trabalhistas dirigidas a trabalhadoras assalariadas. Por isso, na discussão latino-americana se questiona: como incorporar a complexidade do cuidado em uma lógica de direitos, desvinculando-o da condição de trabalhador/a assalariado/a ou com um "sujeito beneficiário" ou "receptor" de uma política de cuidado? Como reconhecer a questão do cuidado como princípio inerente à igualdade de oportunidades e de tratamento?

A consideração do cuidado como direito remete à ideia de direito universal, independentemente do estado de necessidade pelo qual eventualmente esteja passando a pessoa. Em paralelo, implica analisar o cuidado como obrigação exigível, com as múltiplas implicações e derivações que traz em seu bojo. Entre outras, a determinação de si se trata de uma obrigação privada ou pública. Só na medida em que for considerado um direito próprio e universal (tanto para quem deve ser cuidado como para quem deve ou queira cuidar) se obterá um importante avanço tanto em termos de reconhecimento daquilo até hoje invisibilizado, como em qualidade de vida cidadã (Pautassi, 2007b).

O direito a cuidar, a ser cuidado e a cuidar-se (autocuidado) tem seu correlato na obrigação de cuidar (Pautassi, 2007b). Implica, portanto, um conjunto de obrigações negativas, características dos direitos econômicos, sociais e culturais (DESC), tais como não criar obstáculos aos serviços de creches infantis ou não impedir o acesso de um adulto idoso ao sistema de saúde. Mas, principalmente, quando concebido como direito, inclui obrigações positivas que se relacionam a prover os meios para ser possível cuidar e delegar o cuidado. Isto é, para garantir que o cuidado seja executado em condições de igualdade e sem discriminação. Isso exige que não só seja concedido a um grupo determinado da população – no caso, vinculado ao emprego assalariado formal, ou ainda incluindo o emprego informal – mas que seja garantido a todas as pessoas.

O panorama de injustiça da OSC na América Latina obriga a ressaltar a relevância das políticas públicas para garantir esse direito. O Estado é obrigado a "agir" em termos de cuidado: não só deve se abster de dificultar que uma mãe amamente seu filho ou filha, mas também deve prover a ela as condições necessárias para que efetivamente possa fazê-lo. Se for uma mulher que atua no mercado de trabalho, deverá contar com uma licença e/ou espaço físico para amamentar, seja uma trabalhadora do setor público, seja do privado.

Além disso, o Estado deve outorgar licenças para que os homens assumam conjuntamente a corresponsabilidade que lhes compete em matéria de cuidado e criação, como consequência de sua paternidade. Ao mesmo tempo, a obrigação positiva do Estado implica a imposição a terceiros de certas obrigações, como a obrigatoriedade dos empregadores privados de efetivamente proverem a infraestrutura de cuidado ou que se garanta o gozo das licenças contempladas pela legislação. A rigor, trata-se de garantir o direito ao cuidado, como direito universal e próprio de cada pessoa, de quem cuida ou de quem necessite de cuidados.

Abordar o tema do cuidado e de sua organização é importante por uma questão de direitos e de justiça distributiva. Mas também se pode argumentar que abordar a questão da injusta OSC é importante em termos de eficiência econômica. Essa forma de abordar a discussão se mostrou útil na América Latina, no contexto das restrições fiscais que costumam ser impostas, com fundamento ou não, como principal obstáculo para implantar políticas públicas de cuidado.

A partir dessa análise econômica, Rodríguez Enríquez (2013) afirma que há duas dimensões nas quais a injusta OSC e suas implicações em termos de obstáculo para a participação das mulheres no mercado de trabalho têm consequências econômicas. De um lado, a que se expressa em nível macro por meio da *subutilização da força de trabalho das mulheres*. Isso se evidencia na baixa taxa de atividade e no menor tempo dedicado na média ao trabalho remunerado, como consequência das dificuldades de conciliar a vida profissional com as responsabilidades de cuidado. De outro lado, a que se expressa em nível micro, na *perda de produtividade* derivada dos problemas de absenteísmo, rotação e estresse nas condições de trabalho, entre as pessoas que vivenciam o esforço de conciliar ambos os aspectos da vida.

A subutilização da força de trabalho é problemática em vários sentidos. Em primeiro lugar, porque a economia opera em um nível abaixo do ideal, já que não utiliza completamente os recursos com os quais conta (nesse caso, a força de trabalho das mulheres). Portanto, produz (e distribui) menos do que poderia. Tal situação se associa ao baixo ritmo de crescimento econômico em longo prazo. Isso acontece porque a força de trabalho é importante como fator produtivo (e de custo) e como fator de demanda, já que o mercado local é um *locus* importante para a colocação da produção. A subocupação da força de trabalho é considerada então um impedimento para dinamizar o crescimento. A baixa renda recebida por parte importante da população em empregos informais ou ocupações de baixa produtividade e receita, ou os ingressos nulos provenientes do desemprego ou da inatividade, não conseguem gerar esse ciclo dinâmico a partir da demanda (no qual o consumo favoreceria um incremento da produção).[5]

Em segundo lugar, a subutilização da força de trabalho é problemática porque, nas economias capitalistas, o emprego se constituiu na principal (e quase única) fonte de receita, de acesso a direitos sociais e de reconhecimento social do trabalho das pessoas. Dessa forma, a existência de força de trabalho excedente em suas distintas manifestações (ocupações em atividades de baixa produtividade, ocupações involuntariamente em tempo parcial, emprego assalariado não registrado, desemprego, inatividade involuntária) implica também em pessoas que não têm acesso a um nível adequado de receita, às coberturas sociais e ao reconhecimento da utilidade social de seu trabalho.

Portanto, a subutilização estrutural da força de trabalho aprofunda as *restrições para superar a pobreza*, o que continua sendo um problema severo na América Latina. A impossibilidade de ter acesso a empregos de qualidade reforça a exclusão de amplos setores da população do exercício de direitos sociais e mantém seus baixos rendimentos. Remover os obstáculos para uma participação plena das mulheres na vida profissional é indispensável para melhorar a qualidade material de vida da população, reduzir a pobreza e a exclusão socioeconômica.

Simultaneamente, a permanência e a extensão de situações de pobreza em pessoas e lares redunda em custos individuais e sociais derivados da exclusão. Os *custos individuais recaem sobre as pessoas,* que se afastam cada vez mais do acesso a empregos, desatualizando

5. Rodríguez Enríquez et al. (2010) sintetiza as visões econômicas que explicam a existência de subutilização da força de trabalho, a dinâmica que a gera e suas implicações econômicas.

seus conhecimentos e aprendizados. Os *custos sociais recaem sobre os Estados* que devem atribuir maiores proporções de gasto social para assistir a pobreza. As dificuldades de conciliar a vida profissional e familiar das trabalhadoras podem gerar tensões que se manifestam em perda de produtividade individual: baixo desempenho no trabalho fruto da tensão e maiores taxas de absenteísmo e rotatividade.

Numa perspectiva econômica mais ortodoxa, isso seria interpretado como mau uso do capital humano contido na força de trabalho feminina, ou seja, do investimento em educação, qualificação e formação assumido pelas mulheres. A perda de produtividade no local de trabalho não é simplesmente um problema individual, mas é agregado ao nível da unidade produtiva e do sistema como um todo.[6] O argumento econômico central é que as pautas culturais e a lógica econômica (que distribuem desigualmente as responsabilidades domésticas, limitando a inserção das mulheres no emprego), bem como os diversos mecanismos de segregação existentes no mercado de trabalho, levam a uma subutilização do fator produtivo que é a força de trabalho das mulheres. Isso implica uma perda de produtividade no nível macroeconômico, com reflexos negativos no desempenho das unidades produtivas e na dinâmica de crescimento econômico dos países.

Definitivamente, *a injusta OSC é um problema que apresenta desafios inescapáveis*. É um espaço específico de violação de direitos, e, portanto, é preciso transformá-la para dar conta das obrigações institucionais e sociais da questão. É uma dimensão básica das desigualdades de gênero, portanto, enfrentá-la nos permitirá continuar

• • • • • •

6. Rodríguez Enríquez (2013) discute em que contextos, e para que setores sociais em particular, é mais provável que se verifiquem esses argumentos econômicos.

avançando na construção de uma sociedade mais igualitária entre homens e mulheres. Além disso, é um claro vetor de aprofundamento da desigualdade socioeconômica, de modo que sua modificação pode potencializar as políticas tradicionais de assistência social ou transferência de renda. Ou mesmo ter um efeito mais poderoso em termos de impactos distributivos. Adicionalmente, pode ser invocada a necessidade de transformar a atual OSC por razões de eficiência econômica e para sustentar estratégias de crescimento e desenvolvimento econômico.

Colocar a questão do *cuidado na agenda significa colocar no centro da preocupação da política pública a sustentabilidade da vida.* Agir em um sentido positivo nessa área permitirá ampliar as possibilidades das pessoas escolherem a vida que desejam viver e criar sociedades sustentáveis em termos vitais.

2. Organização social do cuidado e reprodução da desigualdade

A América Latina é uma região caracterizada pela heterogeneidade entre os países e pela desigualdade dentro deles. O índice Gini[7] médio para a região é de 0,491, com países como Uruguai com índice de Gini menor que 0,39 e países como Colômbia ou Brasil com índices de desigualdade entre 0,53 e 0,54.[8] A desigualdade obedece a vários fatores, que vão desde a história colonial da expropriação e da escravidão até o atual papel das elites políticas e econômicas. Estas têm atuado por meio de estratégias fracassadas de desenvolvimento econômico e de uma inserção subordinada (basicamente

•••••

7. O Índice de Gini é um indicador de desigualdade que estabelece um valor entre 0 (igualdade perfeita) e 1 (desigualdade absoluta).
8. Dados de 2019, do Relatório Panorama Social de América Latina da Cepal (2020).

como produtor de matérias-primas e exportador de força de trabalho) no plano internacional. A desigualdade profunda e persistente encontra um fator de reprodução na forma que a organização social do cuidado assume. Quero ilustrar esse ponto com dois elementos: i) a distribuição desigual do trabalho não remunerado entre homens e mulheres; e ii) o acesso desigual aos serviços de cuidados.

A Argentina não conta estritamente com uma Pesquisa do Uso do Tempo (PUT) de cobertura nacional, mas tem um módulo de trabalho não remunerado montado sobre a pesquisa de força de trabalho[9] em sua amostragem do terceiro trimestre de 2013.[10] Essa informação nos permite, por um lado, confirmar a distribuição desigual das responsabilidades de cuidado entre homens e mulheres, medida pelo tempo médio diário que despendem nessas tarefas. E, por outro, confirmar a inter-relação que há entre essa lacuna de gênero e as desigualdades socioeconômicas. De início, as informações permitem constatar que, enquanto quase 90% das mulheres declaram realizar tarefas domésticas e de cuidado, esse percentual cai para menos de 60% no caso dos homens. Enquanto as mulheres gastam em média 6,4 horas por dia nessas tarefas como um todo, os homens gastam metade: 3,4 horas por dia em média. Em outras palavras, a lacuna de gênero no uso do tempo para tarefas de reprodução cotidiana da vida, geralmente verificada em toda a América Latina, se confirma na Argentina.

••••••

9. Encuesta Permanente de Hogares, do Instituto Nacional de Estadística y Censos (INDEC): http://www.indec.gob.ar/index.asp.

10. Rodríguez Enríquez (2015) apresenta uma revisão crítica da metodologia utilizada pelo módulo de trabalho não remunerado. Parte da análise ali realizada é retomada nos próximos parágrafos. A informação original do módulo de trabalho não remunerado pode ser vista em: http://www.indec.gov.ar/nivel4_default.asp?id_tema_1=4&id_tema_2=31&id_tema_3=117.

É claro que essa situação não é a mesma para homens e mulheres com características pessoais e sociodemográficas diferentes. Por exemplo, as mulheres de meia-idade (30 a 59 anos) passam mais tempo nessas tarefas (7,1 horas por dia em média), em contraste com as mulheres mais jovens (18 a 29 anos), que gastam em média 6,5 horas por dia, e as idosas (60 anos ou mais), que passam em média 4,6 horas por dia. As mulheres chefes de família despendem menos tempo com o trabalho doméstico e de cuidados (em média 5,3 horas por dia) em comparação com as que se declaram cônjuges, que despendem em média 7,6 horas por dia. Isso seguramente obedece ao fato de que as mulheres chefes de família estão sozinhas e precisam destinar mais tempo a atividades que possam resultar em receitas financeiras. A presença de filhos e filhas menores de 6 anos no lar aumenta o tempo dedicado às tarefas domésticas e de cuidado, tanto para as mulheres como para os homens, mas mantendo a diferença entre eles. As mulheres sem filhos ou filhas com menos de 1 ano destinam a esse trabalho 5 horas diárias em média, enquanto as mulheres com pelo menos um filho ou filha dessa idade destinam quase o dobro: 9,3 horas diárias em média. Por sua vez, os homens que não têm filhos ou filhas com menos de 1 ano destinam apenas 2,9 horas diárias, em média ao trabalho não remunerado, enquanto os homens que têm filhos dessa idade aumentam o tempo dedicado a essas tarefas: até 4,5 horas diárias em média. Como se vê, a lacuna entre homens e mulheres se mantém em quase o dobro do tempo dedicado ao trabalho de cuidado, inclusive quando há crianças muito pequenas no lar.

Por fim, a intensidade da dedicação das mulheres ao trabalho doméstico e de cuidados não remunerados varia de acordo com a condição de atividade e é ajustada à duração da jornada de trabalho no emprego remunerado. A dos homens, não. Com efeito, no caso das mulheres, as empregadas dedicam em média 5,9 horas diárias ao trabalho de cuidado, enquanto as desempregadas dedicam 7,6. No caso dos homens, os ocupados dedicam 3,5 horas diárias ao trabalho não remunerado, enquanto os desempregados dedicam as mesmas 3,5 horas. Em outras palavras, para os homens não faz diferença sua situação ocupacional quando se dedicam ao trabalho não remunerado.

Em síntese, a lacuna de gênero da dedicação às tarefas domésticas e de cuidado é evidente. Mas, além disso, essas se cruzam com as desigualdades socioeconômicas.

Tabela 1. Tempo diário médio destinado ao trabalho doméstico e de cuidado. Total de regiões metropolitanas de Argentina. 2013.

FAIXA DE RECEITA DO LAR	Homens	Mulheres
1 (20% mais pobre)	3,7	8,1
2	3,6	7,0
3	3,3	6,0
4	3,3	5,4
5 (20% mais rico)	**	3,0

Fonte: Elaboração da autora com base em microdados do módulo de TNR-EAHU.

*** O número de observações é insuficiente para produzir a estimativa.*

A Tabela 1 nos mostra três evidências básicas. Em primeiro lugar, a lacuna de gênero na dedicação de tempo ao trabalho não remunerado atravessa os estratos socioeconômicos. Em segundo lugar, os homens de diferentes estratos econômicos gastam, em média, tempos muito semelhantes em trabalho não remunerado. Terceiro, a relação entre situação econômica e a dedicação ao trabalho de cuidado não remunerado é evidente para as mulheres. Concretamente, as mulheres que vivem nas famílias mais pobres dedicam 8,1 horas por dia em média ao trabalho doméstico e de cuidado não remunerado. Já as mulheres que pertencem aos 20% mais ricos das famílias dedicam apenas 3 horas. Essa situação é provavelmente explicada por três fatores:

i) as famílias mais pobres são mais numerosas e têm maiores demandas de cuidados (devido a ter mais filhos em média);
ii) a fragilidade na oferta de serviços públicos de cuidados torna muito difícil para mulheres com renda mais baixa delegar o cuidado a instâncias extradomésticas; e
iii) diante do exposto, a opção está na possibilidade de comprar cuidados, disponível para as mulheres que vivem em domicílios de maior renda.

Esse é um exemplo contundente de como a forma em que se organiza a atenção está intimamente relacionada à estratificação econômica e ambas se retroalimentam. Isso é tanto mais verdadeiro quanto mais profunda a desigualdade de origem e mais limitadas as opções de acesso a serviços fora das relações de mercado. Por isso, insiste-se na relevância das políticas públicas em contextos de profunda desigualdade, como o latino-americano em geral e o argentino em particular.

O outro lado dessa situação se dá, então, pela estratificação no acesso aos serviços de cuidado. Ilustrarei esse ponto novamente com o caso da Argentina. De forma a relacioná-lo com os dados disponíveis de utilização do tempo, apresentamos também as informações correspondentes ao ano de 2013. A Tabela 2 apresenta-nos um indicador aproximado de acesso aos serviços de cuidado,[11] e nos permite observar dois aspectos fundamentais.

Tabela 2. Frequência a estabelecimentos de ensino, por idade e receita do lar. Total de regiões metropolitanas de Argentina. 2013.

FAIXA / IDADE	1	2	3	4	5
0-2 anos	3,7	3,61	4,94	7,73	7,42
3 anos	3,6	40,22	53,01	45,40	47,68
4 anos	3,3	69,77	81,87	81,89	95,84
5 anos	3,3	96,56	96,81	95,58	100

Fonte: Elaborado pela autora com base em dados da EPH-Indec.

Em primeiro lugar, a diferença no acesso a serviços de cuidados segundo a idade das crianças. Para a fase de 0 a 2 anos, o índice de frequência é, em todos os casos, inferior a 8%. Vai aumentando com a idade, e aí o segundo aspecto a destacar começa a ficar evidente: a diferença no nível de frequência para meninos e meninas de 3, 4 e 5 anos, conforme o estrato econômico de pertencimento. Em 2013, a educação básica na Argentina era obrigatória a partir dos 5 anos.[12]

Essa regulamentação tem um impacto evidente no índice de frequência. Como se pode verificar, para meninos e meninas de 5 anos,

11. O indicador utilizado é o de frequência a estabelecimentos de educação pré-escolar, tanto de gestão pública como de gestão privada.
12. A partir de 2015, a obrigatoriedade da educação se estendeu aos 4 anos de idade.

o índice de frequência é muito elevado, superior a 90% para todos os estratos econômicos. No grupo dos 3 e 4 anos, porém, com escolaridade não obrigatória, são marcantes as diferenças no índice de frequência por faixa de renda. Aos 4 anos de idade, enquanto quase todos os meninos e meninas (95,8%) que moram em domicílios dos 20% mais ricos da população frequentam estabelecimentos de ensino, esse percentual cai para menos de 65% para meninos e meninas que moram em domicílios pertencentes aos 20% mais pobres da população. Para o grupo de 3 anos de idade, a diferença varia de quase 48% para a faixa 5 a 25% para o faixa 1.

Essa evidência deixa claro como, dada a insuficiência dos serviços públicos de cuidado (educação pré-escolar, no caso), a possibilidade de acesso é mediada pelo mercado, portanto mais acessível quanto maior for o nível de renda dos domicílios. Na Argentina, para crianças que vivem em famílias de baixa renda, existem opções de cuidados compensatórios (centros de desenvolvimento infantil, centros de primeira infância). Estes estendem parcialmente a cobertura e podem, eventualmente, resolver as necessidades de conciliação (entre a vida profissional e as responsabilidades familiares) de mulheres. Entretanto, por justamente terem uma natureza assistencial, com menor qualidade na prestação do serviço (por não ter um currículo educacional, e porque a formação de quem atende crianças nesses estabelecimentos é menor), aprofunda a fragmentação do sistema.

Em suma, dadas a fragilidade e a insuficiência dos serviços públicos de cuidado, o acesso aos mesmos é mediado pela possibilidade de se ter um poder aquisitivo que permita comprar cuidados no mercado. Essa situação explica as diferenças no acesso aos serviços de cuidados e, na mesma linha, as maiores dificuldades enfrentadas pelas famílias de baixa renda (e particularmente pelas mulheres nessas famílias) para liberar tempo que pode ser destinado à participação nas atividades econômicas. Isso reduz as possibilidades de geração de renda, o que reduz as possibilidades de terceirização ou delegação do cuidado, e consequentemente de participação econômica. E, assim, se mantém ao infinito o círculo vicioso de limitações.

A injusta organização social do cuidado, que limita as opções para os lares com menores recursos, se transforma em si mesmo em um vetor de reprodução da desigualdade. Essa trama de reprodução de desigualdades só pode ser desmantelada com o desenho e a implementação de políticas públicas adequadas.

3. Avanços e desafios em termos de políticas públicas de cuidado na América Latina

Conforme mencionado anteriormente, a questão do cuidado vem ganhando espaço na discussão das políticas públicas na região, com avanços díspares dependendo do país. Rico e Robles (2016) apontam três fatores que explicariam esse crescente interesse, discussão e até implementação de políticas:

i) a transformação demográfica rumo a sociedades mais velhas, que estão ampliando as demandas por cuidados;
ii) o reconhecimento de que a desigualdade na distribuição das responsabilidades de cuidado impõe barreiras à participação econômica das mulheres, o que por sua vez dificulta a superação das situações de pobreza e a melhoria das condições de vida da população;
iii) o reconhecimento dos riscos que implica (e mais custos financeiros no futuro) a não atenção com qualidade suficiente das necessidades de cuidado da população.

Adicionalmente se pode mencionar que os avanços encontram um bom respaldo no âmbito da Conferencia Regional sobre la Mujer de América Latina y el Caribe da Cepal. Com efeito, desde o Consenso de Quito, acordado pelos países em 2007, até o mais recente Consenso de Montevidéu, ratificado em 2013, "a geração de políticas públicas para promover a corresponsabilidade no cuidado e valorizar o trabalho não remunerado nesse âmbito figura como preocupação central" (Rico e Robles, 2016: 25).

Os avanços estão ocorrendo em dois níveis principais. De um lado, na promoção e na adoção de marcos regulatórios que favoreçam a maior proteção das necessidades de cuidado e a distribuição de responsabilidades para atendê-las. De outro, na ampliação da oferta de serviços públicos de atenção, geralmente a partir de sua extensão aos mais jovens e às populações mais vulneráveis.

Em termos normativos e de regulação, os avanços se vinculam, em primeiro lugar, à ampliação das licenças vinculadas ao nascimento dos filhos ou a seus primeiros anos de criação. Aqui está ocorrendo um processo de ampliação das licenças-maternidade para torná-las pelo menos compatíveis com o mínimo estabelecido pela OIT (14 semanas). Em segundo lugar, alguns países estão avançando na ampliação das licenças-paternidade, inexistentes ou muito exíguas na maioria dos países. Por fim, a discussão avança sobre a necessidade de implementação da licença parental, que inclui períodos de cuidado imediatamente após o parto, e que visa centralmente permitir que mães e pais tenham mais tempo para criar seus filhos.

Também em termos de legislação avançou-se na proteção das pessoas que desempenham funções assistenciais de forma remunerada. Vale destacar em particular o impacto que a entrada em vigor da Convenção 189[13] da OIT está tendo na adaptação da legislação nacional que protege os direitos trabalhistas dos trabalhadores em residências particulares.

Em termos de oferta de serviços públicos de cuidado, os avanços são mais lentos. É verdade que vários países têm progredido na promoção e, em alguns casos, na ratificação de marcos regulatórios para a implementação de políticas para a primeira infância e/ou idosos. Mas somente o Uruguai avançou não apenas no estabelecimento de um marco integral, mas também no início da lenta e embrionária implementação de diferentes componentes de um sistema nacional de cuidados. De fato, a experiência uruguaia é muito instrutiva tanto no desenho de sistemas que promovam a corresponsabilidade social no cuidado, como no processo e nas condições que o possibilitem. Conforme resumido pelo próprio governo,[14] o tema do cuidado foi inserido na pauta de discussão de políticas públicas e, posteriormente, na própria agenda do governo. Isso após um longo, sistemático, paciente e perseverante trabalho realizado pela sociedade civil e pela academia, desde os anos 1990. Esses atores conseguiram tornar visível o problema dos déficits de cuidados, da sobrecarga do trabalho de cuidado não remunerado nas costas das mulheres e das consequências disso para a sociedade em termos de bem-estar e desenvolvimento.[15]

••••••

13. Convenção sobre o trabalho decente para as trabalhadoras e os trabalhadores domésticos: http://www.ilo.org/dyn/normlex/es/f?p=NORMLEXPUB:12100:0::NO::P12100_INSTRUMENT_ID:2551460.

14. http://www.sistemadecuidados.gub.uy/innovaportal/v/55687/1/innova.front/el-camino-recorrido.

15. Para uma descrição e análise do processo de promoção do sistema nacional de cuidados do Uruguai, ver Aguirre e Ferrari (2014).

O processo em nível de governo no Uruguai começou em maio de 2010 com a criação do Grupo de Trabalho para a construção do Sistema de Cuidado no âmbito do Conselho Nacional de Políticas Sociais (CNPS).[16] Assim teve início a chamada "Etapa de Debate" do Sistema de Cuidados, que permitiu o intercâmbio de atores estatais e organizações da sociedade civil. A partir desse diálogo, foram estabelecidos os alinhamentos conceituais e os princípios orientadores do sistema. Os resultados desses debates foram publicados no documento "*Hacia un modelo solidario de cuidados. Propuesta para la construcción del Sistema Nacional de Cuidados*", que foi finalmente aprovado em setembro de 2012 pelo Gabinete Social.

Nos anos seguintes, avançou-se no desenho de propostas nas áreas de institucionalidade, financiamento, regulamentação, formação e serviços; e na implementação de experiências-piloto. No ano de 2015, esse processo toma um novo impulso com a sanção da Lei 19.353, que estabelece que "no Uruguai todas as meninas e meninos, pessoas com deficiência e pessoas idosas em situação de dependência têm direito a ser cuidadas". Nasce assim, definitivamente, o Sistema Nacional Integrado de Cuidados (SNIC), que tem como objetivo geral um modelo de corresponsabilidade no cuidado por parte das famílias, do Estado, da comunidade e do mercado; e entre homens e mulheres.[17]

16. Criado pela Resolução Presidencial 863/010.
17. O SNIC conta com uma Junta Nacional de Cuidados, que define os alinhamentos, objetivos e políticas, e é integrada pelos ministérios do Desenvolvimento Social (que a preside); de Educação e Cultura; do Trabalho e Seguridade Social; de Saúde Pública; da Economia e Finanças; assim como o Escritório de Planejamento e Orçamento; a Administração Nacional de Educação Pública; o Banco de Previsão Social; o Instituto da Criança e do Adolescente do Uruguai; a Secretaria Nacional de Cuidados; e o Instituto Nacional das Mulheres. Como órgão executivo da Junta, cria-se – dentro do Ministério do Desenvolvimento Social – uma Secretaria Nacional de Cuidados para a articulação e coordenação interinstitucional do Sistema.

Atualmente, o governo do Uruguai está implantando o Plano de Ação de Cuidados 2016-2020, que busca iniciar as ações para a conformação do SNIC. Foca quatro eixos: primeira infância, pessoas com deficiência, pessoas idosas e pessoas que cuidam. O enfoque na primeira infância é voltado a meninos e meninas de 0 a 3 anos. E aí se busca a ampliação dos serviços de cuidado, partindo dos setores de maior vulnerabilidade social e econômica. Essa oferta é garantida por meio de casas comunitárias, centros do Inau (vinculados ao plano social do CAIF), bolsas de inclusão socioeducativa, pré-escolas e centros de cuidado em sindicatos e empresas.

Para as pessoas com deficiência e idosos em situação de dependência, está prevista a disponibilização de teleatendimento e centros diurnos para quem tem dependência leve e moderada. E a disponibilização de cuidadores em caso de dependência grave, com financiamento solidário, que inclui um subsídio estatal parcial ou total. Em relação às pessoas que cuidam, pretende-se a criação de um cadastro dos cuidadores e a implantação de mecanismos de formação e profissionalização no cuidado.

Embora em estágio inicial de implementação, a experiência uruguaia é inspiradora para os demais países da região. Evidentemente, sua força reside em um processo de construção amplamente democrático e deliberativo, que implicou, portanto, no comprometimento de múltiplos e diversos atores sociais. E é claro que o caso uruguaio tem o compromisso e a vontade política expressos pelo partido no poder que viabilizam concretamente o avanço e a consolidação do SNIC.

O caso uruguaio é uma exceção à norma latino-americana? O Uruguai deve ter algumas características que o tornam uma experiência peculiar: é um país pequeno, está em um estágio mais avançado na transição demográfica, tem uma cultura política que promove e respeita a participação cidadã, uma sociedade civil madura, organizada e positivamente influenciada por grupos de mulheres e feministas, e um partido político receptivo e ativo no governo.[18]

É provável que essas condições não se verifiquem em todos os outros casos nacionais. E que os desafios sejam consideráveis, incluindo:

i) a necessidade de que a sociedade civil, os movimentos sociais, de mulheres e feministas se apropriem do tema e o promovam como prioritário;
ii) que exista um contexto suficientemente democrático na prática para permitir a participação cidadã;
iii) que existam setores políticos receptivos ao problema e às propostas para superá-lo, e que assumam um compromisso político ativo;
iv) que se possa gerar receitas fiscais que permitam superar as restrições ao financiamento das políticas públicas.

Sem dúvida, superar esses obstáculos será uma batalha dura na maioria dos países, mas o exemplo uruguaio nos ilumina, nos oferece ensinamentos concretos, e nos demonstra que quando se abordam os nós de reprodução da desigualdade, a possibilidade de construir sociedades mais igualitárias pode se aproximar de uma utopia realizável.

••••••

18. N. da E.: Em novembro de 2019, o candidato do Partido Nacional, de centro-direita e neoliberal, venceu as eleições presidenciais no Uruguai, colocando em risco os avanços conseguidos na política nacional de cuidados.

Referências

Aguirre, Rosario e Ferrari, Fernanda (2014). "La construcción del sistema de cuidado en el Uruguay. En busca de consensos para una protección social más igualitaria". *Serie Políticas Sociales,* nº 192. Santiago: Cepal.

ELA (2012). "De eso no se habla: el cuidado en la agenda pública". Estudio de Opinión sobre la organización del Cuidado, Equipo Latinoamericano de Justicia y Género. Buenos Aires, janeiro de 2012. Disponível em: http://www.ela.org.ar.

Esquivel, Valeria (2011). *La economía del cuidado en América Latina: Poniendo a los cuidados en el centro de la agenda.* Panamá: Pnud.

Esquivel, Valeria; Faur, Eleonor e Jelin, Elizabeth (2012). *Las lógicas del cuidado infantil. Entre las familias, el Estado y el mercado.* Buenos Aires: Ides–UNFPA–Unicef.

Lupica, Carina (2010). *Trabajo decente y corresponsabilidad de los cuidados en Argentina.* Documento de Consultoria, 2010. Santiago de Chile.

Marco, Flavia e Rico, María Nieves (2013). "Cuidado y políticas públicas: debates y estado de situación a nivel regional". Em Laura Pautassi e Carla Zibecchi (coords.). *Las fronteras del cuidado. Agenda, derechos e infraestructura,* pp. 27-58. Buenos Aires: ELA-Editorial Biblos.

Pautassi, Laura (2007a). *¡Cuánto Trabajo mujer! El género y las relaciones laborales.* Buenos Aires: Capital Intelectual.

_____________ (2007b). "El cuidado como cuestión social desde el enfoque de derechos". *Serie Mujer y Desarrollo,* n° 87. Santiago de Chile: Cepal.

Pautassi, Laura e Zibecchi, Carla (coords.) (2013). *Las fronteras del cuidado. Agenda, derechos e infraestructura.* Buenos Aires: ELA-Editorial Biblos.

Pérez Orozco, Amaia (2007). "Cadenas globales de cuidado". *Documento de trabajo. Série Género, Migración Y Desarrollo,* nº 5. Santo Domingo: UN-INSTRAW.

Pnud-OIT (2009). "Trabajo y familia: hacia nuevas formas de conciliación con corresponsabilidad social". Santiago de Chile.

Rico, María Nieves e Robles, Claudia (2016). "Políticas de cuidado en América Latina. Forjando la Igualdad". *Serie Asuntos de Género,* nº 140. Santiago: Cepal.

Rodríguez Enríquez, Corina (2005). "La economía del cuidado: un aporte conceptual para el estudio de políticas públicas". *Documento de Trabajo,* nº 44. Buenos Aires: Ciepp.

____________ (2007a). Apresentação: "La organización del cuidado de niños y niñas en Argentina y Uruguay". Comisión Económica para América Latina y el Caribe (Cepal). *X Conferencia Regional de la Mujer*. Quito.

____________ (2007b). "Empleo femenino, economía del cuidado y políticas públicas. Algunas consideraciones desde la experiencia argentina". Em M. A. Carbonero Raimundí e S. Levín (comps.). *Entre familia y trabajo. Relaciones, conflictos y políticas de género en Europa y América Latina.* Rosario: Editorial Homo Sapiens.

____________ (2010). "La organización del cuidado de niños y niñas en la Argentina y el Uruguay". Em S. Montaño Virreira e C. Calderón Magaña (coords). *El cuidado en acción: entre el derecho y el trabajo*, nº 94. Santiago: Cuadernos de la Cepal.

____________ (2013). "Organización social del cuidado y políticas de conciliación: una perspectiva económica". Em L. Pautassi e C. Zibecchi (coords.). *Las fronteras del cuidado. Agenda, derechos e infraestructura*, pp. 133-154. Buenos Aires: ELA-Editorial Biblos.

Rodríguez Enríquez, Corina e Laura Pautassi (2014) *La organización social del cuidado de niños y niñas.* Buenos Aires: ELA-Ciepp-ADC.

Sanchís, Norma e Rodríguez Enríquez, Corina (2011). *Cadenas globales de cuidados: El papel de las migrantes paraguayas en la provisión de cuidados en Argentina.* ONU Mujeres.

Este livro foi composto com as fontes Effra e Barlow e impresso
em março de 2022 pela Mundial Gráfica em papel Polén Soft (miolo)
e Cartão Supremo (Capa).